AF461043

VENTE DES LUNDI 18, MARDI 19 ET MERCREDI 20 AVRIL 1898

HOTEL DROUOT, SALLE N° 8

ESTAMPES ANCIENNES

DES

XVIe, XVIIe ET XVIIIe SIÈCLES

ŒUVRE IMPORTANT DE JACQUES CALLOT

PORTRAITS

OUVRAGES SUR LA GRAVURE

PROVENANT

DE LA COLLECTION DE M. D...

PARIS

M. Maurice DELESTRE
Commissaire-priseur
Rue Saint-Georges, 5

M. Georges RAPILLY
Marchand d'estampes de la Bibliothèque Nationale
Quai Malaquais, 9

CATALOGUE

D'ESTAMPES

DES

XVIe, XVIIe ET XVIIIe SIÈCLES

PAR

DURER, LUCAS DE LEYDE, MARC-ANTOINE, REMBRANDT
OSTADE, ALDEGRAVER
ALTDORFER, BEHAM, PENCZ, ETC.

Œuvre important de JACQUES CALLOT

PORTRAITS

PAR DAULLÉ, ÉDELINCK, LARMESSIN, M. LASNE, NANTEUIL

Estampes des Écoles Française et Anglaise du XVIIIe siècle.

OUVRAGES SUR LA GRAVURE

*Provenant de la Collection de M. D***.*

DONT LA VENTE AUX ENCHÈRES PUBLIQUES
AURA LIEU
HOTEL DES COMMISSAIRES-PRISEURS, RUE DROUOT, N° 9
SALLE N° 8

Les Lundi 18, Mardi 19 et Mercredi 20 Avril 1898.

A deux heures précises.

Par le ministère de Me **MAURICE DELESTRE**, Commissaire-Priseur,
rue Saint-Georges, 5.

Assisté de **M. GEORGES RAPILLY**, marchand d'estampes de la Bibliothèque nationale, quai Malaquais, 9.

PARIS, 1898

CONDITIONS DE LA VENTE

Elle sera faite au comptant.

Les acquéreurs payeront 5 pour cent en sus des enchères, applicables aux frais de vente.

M. G. Rapilly, chargé de la direction de la vente, se réserve la faculté de rassembler ou de diviser les lots.

Exposition particulière chez M. RAPILLY, quai Malaquais, n° 9, du 12 au 16 avril.

ORDRE DES VACATIONS

PREMIÈRE VACATION

Lundi 18 avril. —	Livres et recueils	Nos 601 à 638
	Estampes	1 à 180

DEUXIÈME VACATION

Mardi 19 avril. —	Estampes.	181 à 404

TROISIÈME VACATION

Mercredi 20 avril. —	Estampes.	405 à 599
	Estampes en lots	600

DÉSIGNATION

ESTAMPES

ALBERTI (CHÉRUBIN)

1 — Couteaux ornés, d'après F. Salviati. — Vases ornés, d'après Polydore de Caravages. Dix-sept pièces dont plusieurs doubles. Très belles épreuves.

2 — Sujets religieux et mythologiques, allégories et portraits. Quatre-vingt-dix pièces, plusieurs très belles, en premier état. Un certain nombre de doubles.

ALDEGRAVER (HENRI)

3 — Histoire d'Adam et d'Ève (B. 2, 4, 6, 9, 11 et 12), — Ammon (22), — Le Jugement de Salomon (29), — L'Annonciation (38), — La Nativité (39), — La Vierge assise (52), — Les quatre Évangélistes (57-60). Dix-neuf pièces dont plusieurs doubles.

4 — L'Histoire de Loth, 1555 (B. 14-17), Suite de quatre pièces. Belles épreuves, plusieurs doubles. En tout, neuf pièces.

5 — L'Histoire de Suzanne (B. 30-33). Suite de quatre pièces. — Bethsabée (37). Bonnes épreuves, une en double.

6 — La Parabole du mauvais riche (B. 44, 47), — La Pauvreté (113), — La Foi, l'Intempérance, la Force (131-133), — La Mort se saisissant d'un abbé (142), — La Fortune (143), — Danseurs de noces. Vingt et une pièces dont plusieurs doubles.

7 — Sophonisbe (B. 62), — Lucrèce (63), — Lucrèce (64), — L'Enlèvement (68), — Mutius Scévola (69). Cinq pièces dont une en double. Bonnes épreuves.

8 — Rhéa Sylvia (B. 66). Belle épreuve d'une pièce rare.

ALDEGRAVER (Henri)

9 — Annibal et Scipion (B. 71), — Titus Manlius (72), — Le Père sévère (73), — Pyrame et Thisbé (101, 102). Cinq pièces. Bonnes épreuves.

10 — Les Divinités qui président aux sept planètes (B. 74, 76, 77, 78), — Les Vertus et les Vices qui leur sont opposés (117-130), manque le n° 126. Vingt et une pièces dont plusieurs doubles.

11 — Les Travaux d'Hercule, 1550 (B. 83-95). Suite de treize pièces. Belles épreuves, plusieurs doubles. En tout seize pièces.

12 — Le Moine et la Religieuse, 1530 (B. 178). Belle épreuve d'une pièce extr. rare.

13 — L'Amour tenant un vase (B. 209), — L'Amour soutenant la base d'un rinceau d'ornements (211), — Combat d'un Centaure et d'une Centauresse, rinceau d'ornements (229), — Dessin d'un bout de fourreau de sabre (264), — Les deux Sphinx, motif d'ornements (276). Cinq pièces rares. Belles épreuves.

14 — Danseurs de noce, — Grotesques (B. 244, 272 à 275, 277, 279, 285 à 287), — Des Hommes et des Femmes au bain, d'après Aldegraver, par Virgile Solis. Vingt-deux pièces, plusieurs doubles. Bonnes épreuves.

15 — Sujets religieux et mythologiques. Trente-cinq pièces. Originaux et copies.

ALIAMET (Jacques)

16 — Vue de Boom sur le Rupel, d'après A. Vander Neer. In-fol. Deux très belles épreuves dont une avant toutes lettres.

17 — La Place Maubert, d'après Jeaurat, — Première vue du port de Marseille, — Les Italiennes laborieuses, d'après J. Vernet. Trois pièces in-fol. Très belles épreuves dont une avant la lettre.

ALLART?

18 — Le général Pichegru. In-fol. en manière noire. Superbe épreuve avant toutes lettres.

ALIX (P.-M.)

19 — Le général Buonaparte, d'après Appiani. In-fol. 1798. Belle épreuve imprimée en couleurs. Rare.

20 — Marie-Anne-Charlotte Corday. In-fol. Très belle épreuve imprimée en couleurs avec grandes marges.

ALTDORFER (ALBERT)

21 — Samson (B. 2), — Salomon idolâtre (4), — Repos en Égypte (5), — Crucifix (7), — Le jeune Sauveur (10), — La Vierge de 1507 (15). Six petites pièces. Bonnes épreuves.

22 — La Vierge et l'Enfant-Jésus (B. 12), — Saint Christophe (19), — Saint Jérôme (21), — Saint-Sébastien (23). Quatre pièces. Belles épreuves.

23 — Hercule et une Muse (B. 28), — Mercure (29), — Neptune (31), — Vénus (32, 33, 34), — Saint Jérôme (21). Huit petites pièces dont une en double. Bonnes épreuves.

24 — Deux Satyres se battant pour une Nymphe (B. 38), — Le Triton et la Néréide (39), — Lucrèce (41), — La Fable de la marguerite poétique (43), — L'Homme armé de toutes pièces (50), — Le petit Porte-enseigne (52), — Le Joueur de violon (54). — L'Homme réfléchissant (55), — Saint Christophe (B. 54 des Bois), — Histoire de la chute de l'Homme (12 pièces de la suite). Vingt-quatre pièces. Bonnes épreuves.

ANONYME

25 — Barra, né à Palaiseau, district de Versailles, âgé de treize ans. Petite pièce ronde. Très belle épreuve imprimée en couleurs, sur soie.

AUDRAN (Gérard)

26 — La Peste d'Ægine, d'après P. Mignard (R. D. 53). Grand in-fol. Belle épreuve du deuxième état, avant la figure de l'ange exterminateur. On y a joint une seconde épreuve du quatrième état.

27 — Les Batailles d'Alexandre, d'après Ch. Le Brun (R. D. 57-60). Suite de quatre estampes composée de quatorze morceaux. Très belles épreuves du deuxième état, avant la faute corrigée au mot : *Pintre.*

28 — Enée sauvant Anchise, — Ulysse découvrant Achille,— Diverses figures hiéroglyphiques de Raphaël au Vatican, suite de treize pièces. Quinze pièces in-fol. Très belles épreuves.

AVELINE (Pierre)

29 — Les cinq Sens, — Flore, — Vénus à sa toilette. Douze pièces, plusieurs doubles.

AVELINE fils (F.)

30 — Les quatre Saisons, d'après P. Aveline. Suite de quatre pièces in-4. Très belles épreuves.

BALÉCHOU (J.-J.)

31 — Mlle Loizerolle, sœur de Mme Aved, d'après Aved. In-fol. Belle épreuve.

BALÉCHOU, BEAUVARLET, PORPORATI et WILLE

32 — L'Enfance, — Sainte Geneviève, — Les Couseuses, — Télémaque dans l'île de Calypso, — Vénus caressant l'Amour, — Cléopatre, — Gazetière hollandaise. Sept pièces in-fol. dont deux avant la lettre. Belles épreuves.

BAROCHE (Frédéric)

33 — L'Annonciation (B. 1). In-fol., — La Vierge assise (2). In-8. Deux pièces. Belles épreuves. Rares.

BARY (Hendrick).

34 — Matthys von Gherwen, d'après G. Flinck. In-4. Superbe épreuve du premier état, avant toutes lettres.

BAUDOUIN (d'après P.-A.)

35 — Marchez tout doux, parlez tout bas, par P. P. Choffard, 1782. In-fol. Belle épreuve.

BÉGA (Corneille)

36 — Scènes de genre, — Scènes de cabaret. Trente-quatre pièces dont plusieurs doubles. Bonnes épreuves.

BÉHAM (Hans-Sebald)

37 — Adam et Ève assis (B. 5), — Adam et Ève chassés du Paradis (7), — Chasteté de Joseph (14), — La Vierge Immaculée (17), — L'Homme de douleurs (26), — Tête du Christ (29). Six pièces. Bonnes épreuves.

38 — Judith (B. 10, 11, 12), — Cléopâtre (77), — Lucrèce (80). Cinq pièces. Bonnes épreuves.

39 — La Vierge au perroquet, 1549 (B. 19). Très belle épreuve.

40 — Les Noces de Cana (B. 23), — L'Enfant prodigue gardant les pourceaux (33). — Jésus-Christ et les douze Apôtres (36-42), suite de sept pièces, — La Patience (138), — La Mélancolie (144). Douze pièces. Bonnes épreuves.

41 — Jésus chez Simon le Pharisien (B. 25). Superbe épreuve du deuxième état, avec les montagnes dans le fond de l'estampe.

42 — Saint Pierre (B. 43), — Saint Jean (46), — Saint Thomas (49), — Saint Jacques (51), — Saint Judas (52). Cinq toutes petites pièces. Très belles épreuves.

43 — Les quatre Évangélistes (B. 55 à 58). Suite de quatre toutes petites pièces. Belles épreuves.

BÉHAM (HANS SEBALD)

44 — Saint Jérôme, 1520 (B. 62), — Saint Antoine l'Ermite (64). Deux pièces. Belles épreuves.

45 — Saint Sebalde, 1521 (B. 65). Belle épreuve.

46 — Cimon nourri par sa fille (B. 75), — Trajan (82), — Le Triomphe (143) Trois pièces. Belles épreuves.

47 — Le Jugement de Pâris, 1546 (B. 89). Très belle épreuve.

48 — Les Travaux d'Hercule (B. 96, 97, 98, 100, 101, 102 et 107). Onze pièces dont plusieurs doubles. Belles épreuves.

49 — Léda, 1548 (B. 112). Très belle épreuve.

50 — La bonne Fortune (B. 140, deuxième état), — La Fortune contraire (141). Deux pièces. Très belles épreuves.

51 — La jeune Femme accompagnée d'un Bouffon (B. 148, deuxième état), — La Mort se saisissant d'une Femme nue et debout (150), — La Mort et les trois Sorcières (151). Trois pièces. Belles épreuves.

52 — Le Paysan au marché (B. 186), — La Paysanne au marché (187), — Le Paysan à la fourche (188), — Le Vendeur d'œufs (189). Quatre toutes petites pièces. Très belles épreuves.

53 — La Sentinelle auprès des tonneaux (B. 197), — Le Porte-Enseigne et le Tambour (199), — Le Porte-Enseigne (200). Trois pièces. Belles épreuves.

54 — Le Soldat amoureux (B. 202), — Le Bouffon et les Baigneuses (214), — La Femme couchée, vue par le dos (215). Trois pièces. Bonnes épreuves, une en double.

55 — Un Triton et une Néréide (B. 87), — Étude d'une tête de Femme (220), — Vignette au Mascaron (228), — L'Alphabet romain (229), — Vase orné d'enfants (242), Dessin de chapiteau (250). Six pièces.

56 — Les Armoiries au coq (B. 256). Très belle épreuve.

57 — Les Vertus, — Les danseurs de Noces. Vingt-cinq pièces. Bonnes épreuves, plusieurs doubles.

BÉHAM (Hans Sebald)

58 — Sujets religieux et mythologiques. Quarante pièces originaux et copies.

BELLA (Stefano della)

59 — Têtes de fantaisie, Paysages, Animaux, Marines. Environ trois cents pièces.

60 — Scènes de théâtre, — Sujets de genre, — Batailles, — Marines et Paysages, — Cartouches. Environ deux cents pièces, un certain nombre de doubles.

BERGHEM (Nicolas)

61 — La Vache qui s'abreuve (B. 1), — La Vache qui pisse (2), avant l'adresse, — Les cinq Sujets d'animaux en hauteur (8-12). Huit pièces dont une en double état. Belles épreuves.

BERGHEM et FYT

62 — Animaux. Cinquante pièces.

BERVIC (Clément)

63 — L'Innocence, d'après Mérimée. In-fol. Très belle épreuve avant la lettre.

BIARD (Pierre)

64 — La Marche du vieux Silène (R. D. 6). Très belle épreuve. Rare.

BIGG (d'après W.-R.)

65 — La Naissance d'un héritier, — Le Baptême d'un héritier, par W. Ward. 2 p. Grand in-fol. Très belles épreuves imprimées en couleurs, à toutes marges. Rares.

66 — The Romps, — De jeunes Pensionnaires se cotisent pour assister les enfants orphelins d'un matelot, par W. Ward. 2 p. Grand in-fol. Superbes épreuves imprimées en couleurs, à toutes marges. Rares.

67 — Le Favori retrouvé, par Th. Hellyer, — De jeunes Écoliers font une souscription en faveur de la veuve d'un soldat, par R. Dunkarton. 2 p. Grand in-fol. Superbes épreuves imprimées en couleurs, à toutes marges. Rares.

BLÉRY (Eugène)

68 — Plantes. Quatorze eaux-fortes et lithographies. Belles épreuves.

69 — Paysages. Trente et une pièces, dont plusieurs doubles. Très belles épreuves sur chine.

BOILLY (d'après Louis)

70 — La Comparaison des petits pieds, par Alex. Chaponnier. In-fol. Très belle épreuve avant la lettre à toutes marges.

BOISSIEU (Jean-Jacques de)

71 — Paysages et Têtes de Fantaisie. Vingt-quatre pièces in-4 et in-fol. Belles épreuves anciennes, plusieurs doubles.

72 — Paysages et Têtes de Fantaisie. Quatre-vingt-dix pièces in-4 et in-fol. Bonnes épreuves, plusieurs doubles.

BONASONE (Julio)

73 — Les Amours des Dieux (B. 146-164). Suite de vingt pièces, dont il nous en manque une (n° 164). Belles épreuves, un certain nombre en double. En tout, trente-quatre pièces.

74 — Sujets religieux et mythologiques. Soixante pièces dont plusieurs en premier état.

75 — Sujets religieux et mythologiques. Soixante-dix pièces, dont plusieurs doubles.

BONHOMMÉ (François)

76 — 15 Mai 1848, dédié à l'Assemblée nationale. Lithographie in-fol., avec la planche explicative. Belle épreuve Rare.

BONNET (A Paris, chez L.)

77 — Le Déjeuné. In-4. Pièce en couleurs. Très belle épreuve avec marge.

BOREL (d'après A.)

78 — La Circassienne à l'encan, par Léveillé. Belle épreuve imprimée en couleurs.

79 — L'Innocence en danger (scène de la Paysanne pervertie), par F. Huot. 1792. Très belle épreuve avant la dédicace. Toute marge.

BOS (Jérôme)

80 — La Tentation de saint Antoine (H. Cock excu. 1561). In-fol. Très belle épreuve. Rare.

BOSSE (Abraham)

81 — L'Imprimeur en taille-douce, — Le Graveur. Deux pièces, belles épreuves.

BOUCHER (d'après François)

82 — Vertumne et Pomone, par A. de Saint-Aubin. Belle et très rares épreuve avant toutes lettres.

83 — Les Quatre Saisons, par P. Aveline. Suite de quatre pièces, épreuves à grandes marges.

84 — L'Air, — Le Feu, — La Terre, par J. Daullé. (D. 148-150). Quatre pièces, belles épreuves dont une à l'état d'eau-forte pure (L'Air).

85 — Les Amusemens de la Campagne, — L'Oiseau chéri. Deux pièces par J. Daullé, très belles épreuves.

86 — Votre accord n'a rien qui m'étonne... — La Bonne Aventure, par P. Aveline. Deux pièces, très belles épreuves dont une à toutes marges.

87 — Les Amusemens de l'Hiver, — La Baigneuse surprise, — La Muse Erato, — Le Berger Napolitain. Quatre pièces par J. Daullé. Belles épreuves.

88 — La Bergère prévoyante, par J. Aliamet. Deux épreuves avant la dédicace.

89 — La Belle Villageoise, — La Belle Cuisinière. Deux pièces se faisant pendant, gravées par Soubeyran et Aveline. Très belles épreuves.

BOUCHER (d'après François)

90 — Les Grâces au Bain, — Jupiter et Léda. Deux pièces in-fol., par W. Ryland. Belles épreuves.

91 — La Belle Cuisinière, par P. Aveline. In-fol. Très belle épreuve du deuxième état, avec l'adresse de Drouais.

92 — Enlèvement d'Europe, — Naissance de Bacchus, — Les Amours folâtres, — L'Hyver, — Les Amours en gayeté, — Vénus sortant du Bain, etc. Quinze pièces gravées par Aveline, Daullé, Cl. Duflos, etc.

93 — L'Amour s'ennyvrant de nectar, — La Vie champêtre, — La Lumière du Monde, — La Marchande d'œufs, — La Souffleuse de Savon, — Le Marchand d'Oiseaux, — L'Amour instruit par Mercure, — L'Obéissance récompensée, — Jupiter et Calisto, — Le Moineau apprivoisé, — Paysage. Douze pièces gravées par Basan, Daullé, Gaillard, Mme Lépicié, etc.

BOUILLARD (J.)

94 — Premier âge de l'Amour, — Éducation de l'Amour (2 pl.), — Punition de l'Amour. Suite de quatre pièces, d'après L. Lagrenée. Belles épreuves.

BOULLONGNE et S. **BOURDON**

95 — Saintes Familles, — Sujets Religieux, — Les Sept Œuvres de Miséricorde. Vingt-cinq eaux-fortes, belles épreuves.

BOURDON (d'après Sébastien)

96 — Le Sommeil de l'Enfant Jésus, par M. Natalis. In-fol. Deux belles épreuves dont une avant la lettre et les armes.

BREBIETTE (Pierre)

97 — Sujets religieux et mythologiques. — Bacchanales. Cent soixante-dix pièces, belles épreuves, un certain nombre de doubles.

BREUGHEL (d'après PIERRE)

98 — Paysages avec figures (H. Cock excu). Six pièces in-fol., dont une double, belles épreuves.

BROSAMER (HANS)

99 — Marcus Curtius, 1540 (B. 8), — Hercule étouffant Anthée (14), — Laocoon (15). Trois pièces in-8.

BYE (MARC DE)

100 — Animaux. Quarante-six pièces, belles épreuves, plusieurs doubles.

CALLOT (JACQUES)

101 — Portraits de J. Callot, gravés par Abr. Bosse et Mich. Lasne. Deux pièces, belles épreuves.

102 — Le Passage de la mer Rouge (Meaume, n° 1). Quatre bonnes épreuves du premier état.

103 — L'Enfant Jésus (3), — Saint-Jean prêchant dans le désert (4). Quatre belles épreuves.

104 — Le Massacre des Innocents. — Première planche (M. 5). Deux belles épreuves dont une du premier état avant le nom de Callot. Rare.

105 — Le Massacre des Innocents. — Deuxième planche (M. 6). Cinq belles épreuves du deuxième état, avec le nom.

106 — L'Ecce-Homo (7). Belle épreuve du quatrième état.

107 — La Passion de Notre-Seigneur, dite la Grande Passion (12-18). Suite de sept pièces, belles épreuves avant les numéros.

108 — La Passion de Notre-Seigneur, dite la Petite Passion (19-30). Suite de douze pièces, très belles épreuves du premier état avant les numéros. On y joint 18 pièces doubles de la même suite.

CALLOT (Jacques)

109 — Les Mystères de la Passion de Notre-Seigneur (31-36). Suite de six pièces, belles épreuves du deuxième état. On y a joint cinq épreuves doubles dont trois du premier état avant la lettre. En tout dix pièces.

110 — Le Nouveau Testament (37-47). Suite de onze pièces, belles épreuves avant les inscriptions dans la marge.

111 — La même suite. Belles épreuves du même état. On y a joint huit épreuves également avant la lettre et une suite avec les numéros.

112 — Les Quatre Banquets (48-51). Suite de quatre pièces, très belles épreuves du premier état avant les numéros. On y joint six pièces doubles.

113 — La Vie de l'Enfant prodigue (53-63). Suite de onze pièces, belles épreuves du deuxième état avant les numéros. On y a joint une suite complète avec les numéros. En tout vingt-deux pièces.

114 — Repos de la Sainte-Famille (64). Bonne épreuve. Très rare.

115 — La Sainte-Famille à table ou le Benedicite (65). Deux belles épreuves du premier état avant l'adresse de Silvestre.

116 — La Vie de la Sainte Vierge (76-89). Suite de quatorze pièces, — L'Annonciation (71). Quinze pièces, belles épreuves avant les numéros.

117 — La même suite. Bonnes épreuves avant les numéros. Quinze pièces.

118 — La même suite. Belles épreuves avant les numéros. Quatorze pièces.

119 — Différents sujets (90-98), — Titre (90), — Judith (91), — Les hommages du petit Saint-Jean (93), — Jésus en Croix (94), — L'Assomption (96), — Saint Livier (98). Neuf pièces dont trois doubles, la plupart en premier état.

CALLOT (Jacques)

120 — Le Triomphe de la Vierge (100). In-fol. Deux belles épreuves des premier et deuxième états.

121 — Saint Pierre (101 — deuxième état), — Saint Jean dans l'île de Pathmos (102 — deuxième état). Deux pièces rares, quatre belles épreuves.

122 — Le Sauveur, — La Vierge, — Les Douze Apôtres (104-119). Suite de seize pièces, belles épreuves avant les numéros, plusieurs avant l'adresse.

123 — La même suite (Deux exemplaires). Belles épreuves du même état.

124 — Le Martyre des Apôtres (120-135). Suite de seize pièces, belles épreuves avant les numéros, onze pièces doubles, soit vingt-sept épreuves.

125 — La même suite. Belles épreuves du même état. On y joint la même suite avec les numéros.

126 — Le Martyre de Saint Sébastien (137). Trois épreuves dont une du premier état. On y joint une copie.

127 — Saint Nicolas ou Saint Séverin (140), — Le Miracle de Saint Mansuy, évêque de Toul (141). Cinq bonnes épreuves des quatrième et huitième états.

128 — Le Martyre de Saint-Laurent (136), — L'Arbre de Saint François (145), — La Possédée (156). Trois pièces, belles épreuves.

129 — Les Pénitents et Pénitentes (147-152). Suite de six pièces. Belles épreuves. On y a joint une seconde suite.

130 — Les Martyrs du Japon (155). Deux pièces, belles épreuves dont une du premier état.

131 — Les Tableaux de Rome (167-196). Suite de trente pièces dont il nous manque le titre. Soixante épreuves.

132 — Estampes décorant le livre : Vie de la Mère de Dieu représentée par emblesmes (207-233). Suite de vingt-sept pièces. Belles épreuves du deuxième état avec les numéros.

CALLOT (Jacques)

133 — Estampes décorant le livre : LUX CLAVSTRI ou la Lumière du Cloistre, 1646 (234-260). Suite de vingt-sept pièces. Belles épreuves du deuxième état avec les numéros.

134 — Miracles opérés par l'intercession de Notre-Dame de l'Annonciade de Florence (261-301). Suite de quarante une pièces. Belles épreuves. Vingt pièces doubles ajoutées.

135 — Les Images de tous les Saints et Saintes et des Fêtes mobiles de l'année (302-425). Suite complète de quatre cent quatre-vingt-dix estampes sur cent vingt-quatre planches. Très belles épreuves avant les retouches.

136 — Titre des Statuts des Chevaliers de Saint-Étienne (428). Très belle épreuve du premier état. Rare.

137 — Portrait de François de Médicis (429). Belle épreuve du deuxième état.

138 — Portrait de Donato dell Antella, sénateur florentin (430). Très jolie pièce dite le Sénateur. Très rare.

139 — Titre du poème intitulé : *Fiesole distrutta*, par Peri d'Archidosso, 1621 (432). Très belle épreuve.

140 — Portrait de Jean-Dominique Peri d'Archidosso (433). Jolie pièce connue sous le nom du *Jardinier*. Très belle épreuve.

141 — Combat à la Barrière (492-503). Suite de onze pièces dont nous ne possédons que huit planches. Bonnes épreuves.

142 — Les Petites Misères de la guerre (557-563). Suite de sept pièces (Deux exemplaires). Bonnes épreuves.

143 — Les Grandes Misères de la guerre (M. 564-581). Suite de dix-huit pièces, y compris le titre. Belles épreuves du deuxième état, avec les vers.

144 — La même suite, en même état. Bonnes épreuves.

CALLOT (Jacques)

145 — La même suite, en même état, sauf les planches 10 et 11 qui sont du premier état avant les vers dans la marge.

146 — La Revue (556). Deux combats ou rencontres de cavalerie (595-596). Trois pièces. Cinq épreuves des premiers et deuxième état.

147 — Les Exercices militaires (582-594). Suite de treize pièces, dont nous n'en avons que douze. Belles épreuves du premier état avant les numéros; on y a joint une suite complète du deuxième état.

148 — Les mêmes estampes. Suite de treize pièces. Belles épreuves des premier et deuxième état.

149 — Catafalque de l'empereur Mathias (597). Belle épreuve avant l'adresse de Silvestre.

150 — La Carrière ou la Rue Neuve de Nancy (621). Très belle épreuve du premier état avant l'adresse d'Isr. Silvestre.

151 — La Carrière ou Rue Neuve de Nancy (621), — Parterre du palais de Nancy (622). Deux pièces. Bonnes épreuves dont une du premier état.

152 — L'Éventail (617, deuxième état), — La Petite Foire ou la Foire de Gondreville (623, quatrième état). Trois pièces. Bonnes épreuves. On y joint deux copies de l'Éventail.

153 — La grande Foire de Florence, deuxième planche (M. 625). In-fol. Belle épreuve du premier état, avant l'adresse d'Isr. Silvestre.

154 — Les deux Pantalons (626). Très belle épreuve.

155 — Les trois Pantalons (627-629). Suite de trois pièces. Belles épreuves. Une pièce double ajoutée.

156 — Joûtes de Florence, première Fête dite la Guerre d'amour (633-635). Suite de trois pièces, — Joûtes de Florence, deuxième Fête (636-640). Suite de cinq pièces dont nous ne possédons que trois planches. En tout huit épreuves du premier état, dont deux doubles.

CALLOT (JACQUES)

157 — Balli ou Cucurucu (641-664). Suite de vingt-quatre pièces. Très belles épreuves du premier état avant les numéros.

158 — Les supplices (665). Trois belles épreuves des quatrième et cinquième états.

159 — Les Bohémiens (667-670). Suite de quatre estampes. Belles épreuves avant l'adresse de Silvestre.

160 — La Noblesse (673-684). Suite de douze estampes. Épreuves du deuxième état collées en plein. On y joint trois pièces doubles.

161 — Les Gueux ou Mendiants (685-709). Suite de vingt-cinq pièces. Belles épreuves du premier état avant les numéros.

162 — La même suite. Belles épreuves du deuxième état, avec les numéros. On y joint un autre exemplaire incomplet des numéros 2 et 23.

163 — La petite Treille (710). Deux belles épreuves.

164 — La Petite vue de Paris ou le Marché d'esclaves (712). Trois belles épreuves du deuxième état, avec l'adresse d'Isr. Silvestre.

165 — Les Deux grandes vues de Paris (713-714). Cinq épreuves.

166 — La Pandore (729). Très belle épreuve du deuxième état. On y joint une copie.

167 — Figures variées (730-746). Suite de 17 pièces, dont nous ne possédons que 14 estampes avec les numéros, — La Dévideuse et la Fileuse (671), ensemble 15 pièces.

168 — Les Caprices (768-867). Cinquante-deux pièces dont plusieurs doubles. Belles épreuves.

169 — Les Fantaisies (868-881). Suite de quatorze pièces. Deux suites avant les numéros, une incomplète d'une pièce. Belles épreuves.

CALLOT (Jacques)

170 — Tentation de saint Antoine, — La Grande Foire de Florence, — La Chasse, — Siège de La Rochelle, etc. Vingt pièces, originaux et copies.

171 — Paysages par ou d'après Callot, quarante pièces, — Le Combat des quatre galères du Grand-Duc, cinq pièces; ensemble quarante-cinq pièces.

172 — Sujets religieux, — Caprices, — Fantaisies, etc. Deux cents pièces, originaux et copies.

CANALETTI (Ant.)

173 — Ale Porte del Dolo, — Le Goorte del Dolo, — Pra della Valle. Cinq pièces in-fol., dont deux doubles. Belles épreuves.

CARAGLIO (Jacques)

174 — Les Divinités de la Fable (B. 24-43). Suite de vingt pièces. Belles épreuves.

175 — La Bataille au bouclier sur la lance, d'après Raphaël (B. 59). In-fol. Très belle épreuve du premier état, avant toute adresse.

CARICATURES

176 — Caricatures politiques et de mœurs. Cent pièces par Daumier, Gavarni, Gérard-Fontallard, E. de Beaumont, etc., la plupart extraites du Charivari.

CARRACHE (Augustin)

177 — La Tentation de saint Antoine (B. 63), rare, — saint François en extase (67), — Saint François recevant les stigmates (68, premier état), — Un Satyre regardant une femme endormie (112, deuxième état, — Pan dompté par l'Amour (116), — Mercure et les Grâces (117), — Mars renvoyé par Minerve (118), — Les deux Scènes de Théâtre (121-122), Neuf pièces. Très belles épreuves.

CARRACHE (Augustin)

178 — Le Sondeur (B. 136), très rare, — Suzanne et les Vieillards (124), — Vénus (129), — Le Satyre considérant la Nymphe (131), — Satyre fouettant une Nymphe (133), Vénus châtiant l'Amour (135), — Le Vieillard et la Courtisane (114), très rare. Huit pièces libres. Belles épreuves dont une en double.

CARRACHE (Annibal et Louis)

179 — Suzanne au bain, — Adoration des bergers, — Sainte Famille, — Le Couronnement d'épines, — Saint Jérôme, — La Madeleine, — La Soucoupe, etc. Vingt-trois pièces, plusieurs en très belles épreuves.

CERONI (L.)

180 — Marie Leckzinska, — Madame Deshoulières, — Madame de la Suze, — Ninon de Lenclos, — Mademoiselle de Montpensier, — Madame de Maintenon. Treize pièces d'après Petitot. Belles épreuves, les deux premières avant toutes lettres sur chine.

CHARLET (Nicolas-Toussaint)

181 — On dit... (très rare), — Soyez plutôt maçon si c'est votre métier (premier et deuxième état), — Hutinet (premier état, rare), — Voltigeur (grande tenue). Cinq pièces. Très belles épreuves.

182 — Odry, rôle de Beldame, — Les Héritiers, — Scènes militaires. Vingt-cinq pièces. Belles épreuves.

183 — L'Ecole Chrétienne, — Le Petit Caporal, — Sœur Ursule, — Méchant Môme..., — Le Petit Philosophe, — O Amour ! — Costumes, etc.,. Vingt-neuf pièces.

CHEREAU (J. et F.)

184 — Ch. Joachim Colbert, d'après Raoux, — Cardinal de Fleury, d'après H. Rigaud, — Jean Soanen d'après Raoux. Trois pièces in-fol. Très belles épreuves.

CLAAS (Alaert)

185 — Les deux Hommes et la Femme endormie (B. 41) 1554. Belle épreuve d'une pièce rare.

CLAESSENS (L.-A.)

186 — Quinze sujets divers, d'après Rembrandt, Van Dyck, Steen, Hals, etc.,. Paris, Chaillou-Potrelle, 1830. in-fol. Belles épreuves à toutes marges, une en double avant la lettre sur chine.

COCHIN fils (Charles-Nicolas)

187 — Décoration du Bal masqué donné par le Roy à l'occasion du mariage du Dauphin (1745), — Pompe funèbre de Philippe V à Notre-Dame. Deux pièces in-fol. Belles épreuves, la seconde avant toutes lettres.

COCK (Jérome)

188 — Tentation de Jésus. In-fol. Très belle épreuve. Rare

COPIA (L.)

189 — La Jolie baigneuse sortant du bain, d'après Barbier. In-4. Très belle épreuve, la figure imprimée en sanguine.

COPIA et ROGER

190 — Ecussons aux Armes de France, — Directoire exécutif, — Gouvernement français, — Le Maréchal-ferrant de la Vendée. Dix pièces dont trois à l'état d'eau-forte pure. Belles épreuves.

CORT (Corneille)

191 — Sujets religieux et mythologiques, Paysages. Quarante pièces, plusieurs en très belles épreuves.

COYPEL (les)

192 — J. A. de Maroulle, — Judith, — Allégorie en l'honneur du Dauphin, — Pan vaincu par les Amours, — Démocrite, etc. Dix pièces en divers états. Belles épreuves.

DAULLÉ (Jean)

193 — Baschi (Charles de), d'après Peronneau (Del. 7.) Deux très belles épreuves dont une d'un état *non décrit*, intermédiaire entre le premier et le deuxième ; il est avec la lettre, mais avant les mots : janvier 1748 et avec le socle blanc.

194 — N. de Gauffecourt, citoyen de Genève (23), — Premier état. — F. de la Peyronie (58). Deux pièces in-fol. Très belles épreuves.

195 — Louis XV, Dauphin de France, d'après Belle. In-fol. (D. 34). Très belle épreuve avec marge.

196 — Marie-Josephe, Reine de Pologne, d'après L. de Silvestre (41). Grand in-fol. Belle épreuve, doublée.

197 — Catherine Mignard, Comtesse de Feuquière (47). Très belle épreuve du premier état avant l'adresse, légèrement piquée.

198 — Hyacinthe Rigaud, d'après lui-même (69). In-fol. Très belle épreuve.

199 — J. B. Rousseau (D. 71), — Le Duc d'Yorck (77). Deux pièces in-fol. Bonnes épreuves avant la lettre.

200 — Georges Louis de Berghes (D. 91). Deux belles épreuves dont une d'un deuxième état *non décrit*, la planche coupée à l'ovale et intercalée dans un encadrement, avec bordure sur laquelle on lit le nom du personnage.

201 — Les Buveurs de lait (D. 112). In-fol. Deux belles épreuves, dont une d'un état *non décrit* intermédiaire entre le premier et le deuxième ; elle est encore avant la lettre, mais on lit, tracé à la pointe : *Defehrt Sc.* à l'endroit où se trouvera le nom de Daullé.

202 — Caïn et Abel, d'après Dietricy, — Sommeil de l'Enfant Jésus, d'après C. Maratte, — Salmacis et Hermaprodite, d'après De Troy, — Jupiter d'après P. Matthé, — Diogène d'après Ribéra, — L'amour d'après C. Coypel. Six pièces in-fol. Très belles épreuves dont une avant la lettre.

DAULLÉ (Jean)

203 — Jupiter en pluie d'or, d'après De Troy, — Vénus endormie, Jupiter et Calisto, d'après N. Poussin, — Vengeance de Cérès, d'après Jouvenet, — Le Repos de Vénus, d'après Raoulx, — Paysages d'Italie, etc... Douze pièces. Bonnes épreuves.

204 — Ch. Alex. de Lorraine, — P. A. Le Mercier, — C. Deshois-Gendron, — C. Coffin, — J. B. Chomel, — L. Chambroy, — Louis XV, — Nonotte, — Louis-Philippe d'Orléans, — De Nestier, — Mlle Pélissier. Douze pièces in-fol. Belles épreuves.

205 — Louis XV, — Comtesse de Caylus, — G. de Lamoignon, — Mlle Favart, — P.L. de Maupertuis, — Cath. Mignard, — Cl. de Saint-Simon, — N. de Gauffecant, etc... Vingt et une pièces in-4 et in-fol.

206 — J. Astruc, — Boileau, — Frédéric-Auguste III, — Fénélon, — De Maupertuis, — Louis, duc d'Orléans, etc.,. Vingt et une pièces, dont plusieurs doubles. Bonnes épreuves.

207 — La Vierge couronnée (B. 8), — La Madeleine (13), — St-Sébastien (14), — Le Fleuve Pennée (22), — Jupiter amoureux de Ganymède (25), — Apollon et Marsyas (31, — premier état), — Triomphe de Scipion (74, — premier état), — Combat naval (78), — Enée sauvant Anchise (72, — premier état). Neuf pièces. Très belles épreuves.

DÉ (LE MAITRE AU)

208 — Sujets religieux et mythologiques, — La Fable de Psyché, etc. Quatre-vingts pièces, un certain nombre de doubles.

DEBUCOURT (P.-L.)

209 — La Croisée. In-fol. en hauteur. Belle épreuve avec la lettre et les changements. Impr. en noir, à toutes marges.

DECAMPS (G.)

210 — Bataille d'Aboukir. In-fol. Très belle et rare épreuve du premier état avant les moustaches ajoutées à la figure de Bonaparte.

DELAUNE (ÉTIENNE)

211 — Différents sujets ornés de paysages (R. D. 67-84). Suite de dix-huit pièces, dont nous n'en possédons que quatorze. Vingt-deux belles épreuves, plusieurs doubles.

212 — Combats et Triomphes (R. D. 281-292). Suite de douze estampes en forme de frises, dont nous n'en possédons que neuf. Quatorze belles épreuves, plusieurs doubles en états différents.

213 — Sujets de la Bible. Vingt-quatre pièces. Bonnes épreuves plusieurs doubles.

214 — Emblèmes moraux, — Planètes, — Sujets mythologiques, — Chasse à l'ours, — Grotesques. Vingt-huit pièces. Bonnes épreuves.

DEMARNE (JEAN-LOUIS)

215 — Paysages et Animaux. Vingt-trois pièces, eaux-fortes et lithographies. Très belles épreuves.

DENON (D.-V.)

216 — Son propre Portrait, d'après Isabey, — Les frères de Wael, — Têtes de fantaisie, — Nymphes et l'Amour, — Les Lions, — Paysages, etc. Trente pièces. Belles épreuves.

DIETRICH (C.-W.E.)

217 — Sujets religieux, — Sujets et Têtes de fantaisie, — Paysages. Trente-sept pièces, plusieurs avant les numéros.

DREVET FILS (PIERRE-IMBERT)

218 — Fénelon, d'après J. Vivien (D. 16). In-4. Très belle épreuve.

DU JARDIN (Karel)

219 — De Vos, poète hollandais (B. 51). Très belle épreuve d'une pièce rare.

220 — Paysage et Animaux (B. 1 à 51). cinquante-sept pièces, dont plusieurs doubles. Belles épreuves, une en premier état avant le numéro (3).

DURER (Albert)

221 — Pilate se lavant les mains (B. 11), — Le portement de Croix (B. 12), — Saint Antoine (B. 58), — Le Pourceau monstrueux (B. 95). — Quatre pièces.

222 — La Face de Jésus-Christ, 1516 (B. 26), — Sainte Anne et la Vierge (B. 29), — Deux pièces. Bonnes épreuves.

223 — L'Enfant prodigue (B. 28). In-4. Belle épreuve.

224 — La Vierge allaitant l'Enfant-Jésus (B. 34), — La Vierge assise, embrassant l'Enfant-Jésus (B. 35). Deux pièces in-8. Bonnes épreuves.

225 — La Vierge aux cheveux longs, liés avec une bandelette (B. 30), — La Vierge à la couronne d'étoiles et au sceptre (B. 32). Deux pièces. Bonnes épreuves.

226 — Saint Christophe, 1521 (B. 52), — Saint Georges à cheval, 1508 (B. 54). Deux pièces in-8. Belles épreuves.

227 — Saint Georges à pied (B. 53), — Saint Sébastien attaché à un arbre (B. 55). Deux pièces in-8. Bonnes épreuves.

228 — Apollon et Diane (B. 68), — La famille du Satyre (B. 69). Deux pièces in-8.

229 — Cinq études de figures (B. 70). In-4. Pièce gravée à l'eau-forte sur fer. Très belle épreuve.

230 — L'Enlèvement d'Amymone (B. 71). In-4. Belle épreuve.

231 — Le Ravissement d'une jeune femme (B. 72). Estampe gravée à l'eau-forte. Belle épreuve.

232 — Le groupe de quatre femmes nues (B. 75). In-4. Belle épreuve.

DURER (Albert)

233 — L'Oisiveté ou le Songe (B. 76). In-4. Pièce rare. Très belle épreuve, restaurée.

234 — Le Petit Courrier (B. 80), — La Dame à cheval (82), — L'Oriental et sa Femme (85). Trois pièces in-8. Belles épreuves.

235 — Le Paysan et sa Femme (B. 83), — Les Trois Paysans (B. 86). Deux pièces in-8. Belles épreuves.

236 — Le Branle (B. 90), — Le Joueur de Cornemuse (B. 91). Deux pièces in-8. Belles épreuves.

237 — Les Offres d'amour (B. 93). In-4. Belle épreuve.

238 — Le grand Cheval (B. 97). In-4. Très belle épreuve restaurée. Collection P. Mariette.

239 — Le Canon (B. 99). Eau-forte sur fer. Belle épreuve.

240 — Sujets de la Passion, — Vie de la Vierge, — Samson, — Le Rhinocéros. Vingt-huit pièces gravées sur bois.

241 — Sujets religieux et mythologiques, — Sujets de guerre et portraits. Copies. Soixante-dix pièces.

DYCK (Ant. van)

242 — Pierre Breughel, — Franc-Franck. Deux pièces. Belles épreuves.

243 — Adam van Noort, — Paul Pontius, — Jean Snellincx. Trois pièces. Très belles épreuves.

244 — Juste Suttermans, — Guillaume de Vos, — Jean de Wael. Trois pièces. Belles épreuves.

DYCK (d'après Antoine van)

245 — W. Coeberger, — J. de Momper, — Th. Howard, — Th. Galle, — Emelie de Solms, — Henriette d'Angleterre, etc... Dix-sept pièces gravées par Pontius, Vorsterman, P. de Jode, Waumans, etc.. Bonnes épreuves.

EARLOM (Richard)

246 — Lord Nelson, d'après L. F. Abbott. 1798. In-fol. Très belle épreuve.

EAUX-FORTES ANCIENNES

247 — Sujets religieux et mythologiques, — Sujets de genre, — Paysages. Cinquante pièces gravées par P. Aquila, Baudouins, Bemmel, Bleker, Bisi, Loutherbourg, D. Barrière, etc... Belles épreuves, plusieurs en premier état.

248 — Sujets religieux et mythologiques, — Paysages. Soixante-cinq pièces gravées par Ruysdaël, Simon Vouet, La Hyre, Scalberge, le Bolognèse, C. Onofri, Ang. Kauffmann, Saint-Non, etc... Belles épreuves.

EAUX-FORTES MODERNES

249 — Polichinelle, — Sujets de genre et paysages. Quatorze pièces par R. Bresdin, Corneilhan, Eugène Delacroix, C. Nanteuil, E. Meissonier et Prévost.

250 — Scènes de genre, — Paysages, — Vues de Paris et de Grèce, — Portrait de Th. Gauthier... Quarante pièces gravées par Bracquemond, Aligny, Chifflart, Ch. Jacques, Marvy et autres. Belles épreuves.

ÉCOLE ANCIENNE

251 — Sujets religieux et mythologiques, — Allégories, — Portraits, — Paysages. Cinquante pièces par ou d'après Alb. Durer, H.-S. Beham, Cranach, Altdorfer, J. Prevost, P. Huys, etc.

252 — Sujets religieux et mythologiques, — Paysages. Dix-neuf pièces par Th. de Bry, les Ghisi, H. S. Lautensack, le Maître au Dé.

253 — Sujets religieux et mythologiques, — Scènes historiques et allégories. Quarante pièces par J. Audran, Natalis, Sadeler, Mozyn, Perret, Suyderhoef, etc. Bonnes épreuves.

ÉCOLE ANCIENNE

254 — Sujets religieux, — Scènes de genre, — Paysages. Trente-quatre pièces gravées par Drevet, S. Leclerc, Michel Lasne, J. L. Roullet, Audran, Van de Velde, etc. Bonnes épreuves.

ÉCOLE ITALIENNE

255 — Sujets religieux et de fantaisie. Douze eaux-fortes par S. et B. Castiglione, D. M. Canuti et B. Capitelli. Belles épreuves.

256 — Saint Jérôme, — Saint Jean-Baptiste, — Mort d'Ananie, — Saint Paul prêchant, — Apollon, — Un Fleuve. Huit pièces gravées en clair-obscur par Hugo de Carpi et Ant. de Trente. Bonnes épreuves.

257 — Sujets religieux, — Paysages. Vingt-huit pièces gravées par Biscaino, Amati, Faccini, Farinati, Grimaldi, P. Ottini, le Parmesan et Viani. Belles épreuves.

258 — Sujets bibliques et religieux. Vingt-trois pièces gravées par le Guide, L. Lana, Lolli, Procaccini, Peruzzini, Camassei, Mola et Morandi. Belles épreuves dont plusieurs doubles, quelques-unes en premier état.

259 — Sujets religieux et mythologiques, — Scènes de genre, — Paysages et animaux. Trente-cinq pièces gravées par D. Peruzini, G. Leone, P. Testa, J. Rossi, Tiepolo, Valesio, Ant. Triva, S. Rosa, Piccioni et Scarcello. Belles épreuves, plusieurs en premier état.

ÉCOLES FLAMANDE ET HOLLANDAISE

260 — Sujets de genre, — Scènes de Tabagie, — Paysages et Animaux. Quarante-cinq pièces gravées par J. Botts, Brauwer, Dusart, Hackert, Meyering, de Nève, P. Potter, Van Haeften, P. de Laer et H. Roos. Belles épreuves.

261 — Sujets religieux et mythologiques, — Allégories, — Portraits. Trente-deux pièces par ou d'après H. Goltzius, Muller, Saenredam.

ÉCOLES FLAMANDE ET HOLLANDAISE

262 — Paysages. Trente-neuf pièces gravées par Aken, Almeloven et Genoels.

263 — Sujets religieux, — Paysages et Animaux. Seize pièces gravées par Bargas, A. Cuyp, P. Bœl, P. Molyn, J. de Pape et S. de Vlieger. Belles épreuves.

264 — Sujets religieux et de fantaisie, — Paysages et Animaux. Dix-huit pièces gravées par F. Bol, Hecke, L. Koogen, J. Miel et Nic. Moyaert. Belles épreuves.

ÉCOLE DE FONTAINEBLEAU

265 — **Davent** (Leo). Europe couronnant Jupiter sous la forme d'un taureau (B. 29), — Des Hommes et des Femmes occupés à cultiver un jardin (43). Deuxième état. Trois pièces, dont une en double, belles épreuves.

266 — Le Vieux Silène, Hommes et Femmes au Bain, — Saint Nicolas, — Henri II entrant au Temple de la Renommée, — Nymphe et Satyre. Sept pièces gravées par D. Barbiere, René Boivin, Ant. Fantuzzi et anonymes. Bonnes épreuves.

ÉCOLE FRANÇAISE

267 — Sujets religieux et mythologiques, — Batailles et Paysages. Trente-six pièces gravées par J. Courtois, Dassonville, Du Vivier, De La Rue, N. Mignard, Subleyras, Mauperché, etc. Belles épreuves.

268 — L'Enfant cueillant une grappe de raisin. In-4. Deux belles épreuves dont une à l'état d'eau-forte pure et l'autre avant la lettre.

269 — Sujets religieux et de fantaisie, — Scènes d'équitation, — Les Cinq Sens, — Fontaines, etc. Trente-quatre petites pièces gravées par Amand, Casanova, Hutin, Le Prince et les Parrocel. Belles épreuves.

ÉCOLE FRANÇAISE (XVIIIe SIÈCLE)

270 — L'Innocence, embrassant la Sagesse, se garantit des traits de l'Amour, — L'Hymne à Priape, — Adam et Eve, — La Curieuse, — Elle dort ? — Paul et Virginie. Sept pièces gravées par Bonnet, Colibert, De Gouy et Guyot, dont cinq imprimées en couleurs.

271 — Sujets gracieux. Dix-neuf pièces d'après Eisen, Le Mesle, Debucourt, Bouchardon, Vanloo, etc., gravées par Gaillard, Cazenave, Aveline, Dupin, Glairon-Mondet et autres.

272 — Vénus pèlerine, — Le Petit donneur d'avis, — Zéphire et Flore, — L'Amant vengé, — Le Baiser rendu, — Repos de chasse, — Le Savoyard, la Savoyarde, — Les Quatre âges, — L'Heureux vieillard, — La Tricherie reconnue, — L'Ouvrière en dentelles, etc. Dix-huit pièces d'après Le Peintre, Cochin, Eisen, Lancret, Paterre, par Filleul, Moitte, Ransonnette, De Larmessin, Tandieu et autres.

273 — Memnon ou l'Écueil du Sage, — Le Roi d'Ethiopie abusant de son pouvoir, — La Voilà prise, — La Balançoire mystérieuse, — Le Philosophe marié, — Le Satyre impatient, etc. Quatorze pièces, d'après Lawreince, Lancret, Le Bel, Eisen, Caresme, etc.

274 — Sujets mythologiques et Scènes de genre. Sept pièces in-fol., gravées par G. Duchange, B.-L. Henriquez, Ingouf, Regnault et Voyez l'aîné. Belles épreuves dont trois avant la lettre.

275 — Sujets religieux et de fantaisie, — Bacchanales. Dix-huit pièces gravées par Fr. Boucher, Ch. Eisen, Lagrenée et Natoire. Belles épreuves.

276 — L'Amour paisible, — Le Théâtre italien, — Les Aveux indiscrets, — La Belle Grecque, — Le Turc amoureux, — L'Amour, — La Sainte Famille. Neuf pièces d'après Ant. Watteau, Lancret, Pater et Greuze, gravées par De Favanne, Henriquez, Schmidt, etc. Belles épreuves.

ÉDELINCK (Gérard)

277 — La Famille de Darius aux pieds d'Alexandre, d'après Ch. Le Brun (R. D. 42). Grande pièce en deux feuilles, très belle épreuve du cinquième état avant les points dans la marge. On y a joint le Combat des Quatre cavaliers, d'après L. de Vinci (44). In-fol. Ensemble deux pièces.

278 — Antoine Arnauld. Deux portraits différents (R. D. 140 — Premier état. — R. D. 141). Très belles épreuves avec marges.

279 — R. Arnaud d'Andilly (R. D. 142 — Deuxième et quatrième états), — Bussy-Rabutin (162), — Esprit Fléchier (205), — Louise de Fontaine (208), — Evariste Ghérardi (214 — Deuxième état), — Marquis de L'Hospital (246), — J. Savary (314 — Deuxième état). Huit pièces in-8 et in-4. Belles épreuves.

280 — Joly de Blaisy (R. D. 152), — Evariste Ghérardi (214 — Deuxième état), — Jean Hérauld (218), — Pierre II, roi de Portugal (296), — Claude de Sainte-Marthe (308 — Troisième état), — P. de Saint-Remy (310 — Premier état). Six pièces in-8 et in-4. Belles épreuves.

281 — Nicolas Blampignon (R. D. 153). In-fol. Très belle épreuve du deuxième état.

282 — Abr. Bloemaert (R. D. 155), — Jean Cousin (174), — Henri Goltzius (216). In-fol. Trois pièces, belles épreuves.

283 — Jacques Benigne Bossuet (R. D. 156). Très belle épreuve du premier état, avec grandes marges.

284 — Isabelle de Bragance, Infante de Portugal (R. D. 160). Petit in-fol. Très belle épreuve d'une pièce rare.

285 — F. Brulart de Sillery (R. D. 161). In-fol. Très belle épreuve du deuxième état.

286 — Pierre de Carcavy, d'après Testelin (R. D. 163). In-fol. Très belle épreuve de la collection P. Mariette.

ÉDELINCK (Gérard)

287 — Philippe de Champaigne (R. D. 164 — troisième état) — Hyacinthe Rigaud (303 — deuxième état). François Tortebat (328). In-fol. Trois pièces, bonnes épreuves.

288 — François Chauveau (R. D. 166), — Israël Silvestre (319 — troisième état), — Pierre Simon (320 — deuxième état). Trois pièces, belles épreuves.

289 — J.-B.-M. Colbert (R. D. 172 — quatrième état), — Charles d'Hozier (184), — Ant. Furetière (209), — Paul Tallemant (324 — premier état). Quatre pièces in-fol. Belles épreuves.

290 — René Descartes (R. D. 181). Très belle épreuve du premier état.

291 — Martin Van den Bogaert, dit Desjardins (R. D. 182). In-fol. Très belle épreuve du deuxième état.

292 — Remi du Laury (R. D. 188), — André Hameau (221 — deuxième état), — Michel Le Tellier (244 — deuxième état), — Nic. Pinette (297 — premier état), — Dan. Schrader (317). Six pièces in-fol., dont une en double. Belles épreuves.

293 — Christine de La Valette d'Espernon, carmélite (R. D. 195). In-4. Belle épreuve. Rare.

294 — Christine de La Valette d'Espernon, carmélite (R. D. 196). In-4. Belle épreuve. Très rare.

295 — Ferdinand, évêque de Paderborn, deux portraits différents (R. D. 202 — premier état — 203 — troisième état). Belles épreuves.

296 — Ch. Gobinet (R. D. 215), — La Morinière (235), — J. P. de Lionne (247 — deuxième état), — J. Rouillé, Comte de Meslay (273), — J.-C. Parent (277 — quatrième état), — J.-B. Santeuil (311 — deuxième état) Six pièces in-fol. Belles épreuves.

297 — Christian Huygens (R. D. 225). In-4. Très belle et rare épreuve du premier état avant la lettre.

ÉDELINCK (Gérard)

298 — Comte de Kaunitz (R. D. 228). In-fol. Très belle épreuve du deuxième état avec la date : 1697.

299 — Louis XIV (R. D. 248, 251, 252). Trois pièces in-8 et in-4. Belles épreuves.

300 — Louis XIV, frontispice pour le Dictionnaire de l'Académie (R. D. 255). Très belle épreuve du premier état, avec la tête du Monarque.

301 — Louis XIV, estampe appelée le Triomphe de l'Église (R. D. 258). Grande pièce en deux feuilles. Très belle épreuve du premier état.

302 — Louis XIV (R. D. 259), pour la Thèse de J. N. Colbert, — Louis XIV (R. D. 260), pour la Thèse de J. B. Colbert de Croissy, premier et troisième états. Deux grandes pièces en deux feuilles. Trois belles épreuves.

303 — Jules Hardouin Mansart (R. D. 267). In-fol. Superbe épreuve du deuxième état.

304 — Mme de Miramion (R. D. 275), — François de Vassé (334). Deux pièces. Belles épreuves.

305 — Jean Rouillé (R. D. 273), — Pierre de Montarsis (277, troisième état),— André Hameau (281, deuxième état), — J. C. Parent (287, quatrième état), — Nic. Parfaict (288). In-fol. Cinq pièces. Belles épreuves.

306 — Philippe, duc d'Anjou (R. D. 294). In-fol. Très belle épreuve avec marges.

307 — Raymond Poisson, d'après T. Netscher (R. D. 299). In-fol. Très belle épreuve du troisième état, avant l'adresse de J. Audran.

308 — Ulrique-Éléonore, reine de Suède (R. D. 331). Belle épreuve du troisième état.

309 — Louis XIV,— Paul Tallemant,— Le Tellier,— P. Mouton, — Raym. Poisson, etc. Vingt pièces in-fol., la plupart en mauvais état de conservation.

ÉDELINCK (Gérard)

310 — Louis XIV, — Bossuet, — M. Le Tellier, — H. Goltzius, — Sujets religieux, etc., etc. Cinquante pièces.

311 — J. de La Fontaine, — Quinault, — R. Nanteuil, — Blaise Pascal, — Ch. Perrault, — Pomponne de Bellièvre, etc., etc. Cinquante-deux pièces, dont un certain nombre de doubles. Bonnes épreuves.

EISEN le Père (d'après F.)

312 — Déguisements enfantins, — L'Amour en ribote. Deux pièces in-fol., par N. Dupuis et Halbou. Belles épreuves.

EVERDINGEN (Albert van)

313 — Recueil de cent Paysages, inventées et gravées (*sic*) à l'eau-forte, par Aldert van Everdingen, — Amsterdam, par P. van de Boom, 1696. Cent planches en un vol. petit in-fol.

314 — Paysages, — Le Roman du renard (suite complète de 57 vignettes). En tout, quatre-vingt-cinq pièces. Belles épreuves.

FICQUET (Étienne)

315 — Ludovico Ariosto (2 pts), — Molière, — Montaigne, — Regnard, — Saugrain, — Chennevière. Sept pièces. Belles épreuves.

316 — Chennevière, — Mme de Maintenon, — Mairan, — Regnard, — Crébillon, — Rousseau, — Voltaire, — Corneille, — Descartes, — Vadé, etc. Vingt-neuf pièces.

FLAMEN (Albert)

317 — Diverses espèces de Poissons de mer et d'eau douce, — Première suite (R. D. 415-426), — Troisième suite (439-450). Vingt-quatre pièces. Très belles épreuves avec les numéros.

FLORIS (Franck)

318 — La Victoire. In-fol. Seule pièce gravée par le maître. Belle épreuve, rare.

FOCUS (G.)

319 — Diverses Vues d'Italie. Dix pièces in-fol. Très belles épreuves, plusieurs doubles.

FRAGONARD (Honoré)

320 — Les Traitants, — L'Armoire, — Les deux Femmes à cheval, — Bacchanale, — Sujets religieux, d'après les peintres italiens. Vingt et une pièces.

321 — La Bonne Mère, gravé par N. de Launay. In-fol. Très belle et très rare épreuve à l'état d'eau-forte pure, avec grandes marges.

322 — La même estampe. Très belle épreuve avec la lettre.

323 — S'il m'étoit aussi fidel, par Dennel. In-fol. Belle épreuve avec marge.

324 — Les Jets d'eau, — Les Pétards. Deux pièces, faisant pendants, gravées par Auvray. Belles épreuves à grandes marges, plissées.

FREY (J. de)

325 — La Leçon d'anatomie, — Pie VII, — Gérard Dow, — Portraits et Têtes de fantaisie, — Paysages. Treize pièces, d'après Rembrandt, G. Dow, Koning, Droost, L. David, etc. Très belles épreuves. Deux pièces en double.

GELLÉE (Claude), dit LE LORRAIN

326 — La Fuite en Egypte (R. D. 1, troisième état), — Le Passage du gué (3, troisième état), — La Tempête (5, quatrième état), — Le Naufrage (7, deuxième état). Quatre pièces. Belles épreuves.

327 — Le Naufrage (7, deuxième état), — Le Dessinateur (9, deuxième état), — La Danse sous les arbres (10, quatrième état), — Scène de brigands (12, quatrième état), — Le Pont de bois (14, deuxième état). Cinq pièces. Belles épreuves.

GELLÉE (Claude), dit LE LORRAIN

328 — Le Pâtre et la Bergère (25, deuxième état), — Les quatre Chèvres (27),— Le Temps, Apollon et les Saisons (20, deuxième état),— Le Chevrier (19, deuxième état). Quatre pièces. Très belles épreuves.

329 — Paysages. Trente et une pièces gravées au lavis par Earlom et L. Caracciolo. Belles épreuves.

GESSNER (Salomon)

330 — Paysages champêtres et mythologiques. Quarante-huit pièces. Belles épreuves, un certain nombre en double.

GILLOT (Claude)

331 — La Vie du Satyre, suite de quatre pièces, — Les Sorcières, — L'Adolescence, — La Virilité. Sept pièces. Très belles épreuves.

GIRODET, HERSENT, DROLLING (d'après)

332 — Daphnis et Chloé, — Endymion, — Vénus désarmant l'Amour,— Danaë, — Le fleuve Scamandre, — Pygmalion, — Orphée et Eurydice. Sept pièces in-fol. gravées et lithographiées par Aubry-Lecomte, F. Garnier, J.-N. Laugier, Chatillon, Desnoyers et Gelée. Très belles épreuves, une avant la lettre.

GOLTZIUS (Henri)

333 — La Vierge pleurant le Christ mort (B. 41), 1596. Belle épreuve avec marge.

334 — Charlotte de Bourbon-Montpensier, princesse de Nassau (B. 179). In-4. Belle épreuve.

GOUDT (Henri, comte de)

335 — La Fuite en Egypte, — Philémon et Baucis, — Cérès et Proserpine. Trois pièces. Belles épreuves.

GRAVURES DIVERSES

336 — Antiope, — Joseph et la femme de Putiphar, — Le Serment des Horaces, — La Mariée, — La Santé portée, etc. Quatorze pièces in-fol. et grand in-fol. gravées par Audouin, Chevillet, Debucourt, Geoffroy, Clairon-Mondet, Massard, Morel et Strange. Belles épreuves.

GREUZE (d'après J.-B.)

337 — Le Repentir, gravé par Moitte. In-fol. Très belle épreuve à grandes marges.

338 — Étude de la Dame de charité, — L'Éducation d'un jeune Savoyard, — La Paix du ménage, — Le Petit frère, — Le Fils puni, — La Malédiction paternelle, — Le Malheur imprévu. Neuf pièces gravées par Danzel, De Launay, Ingouf, Lucien, Moreau le Jeune. Bonnes épreuves.

GUYOT ET ROGER

339 — Vue du Jardin de la Bastille, 1789, — Vue de la Bastille, prise de la galerie, faisant face au boulevard, — Prise de la Bastille, le 14 juillet 1789, — Deuxième Vue de la Bastille, prise derrière les fossez... Quatre pièces imprimées en couleurs. Belles épreuves.

HODGES (C.-H.)

340 — Le maréchal Brune. In-fol. Très belle épreuve à grandes marges.

HOLLAR (WENCESLAS)

341 — Henriette-Marie, reine d'Angleterre, — Marguerite Lemon, — Élisabeth Lenox, — Duchesse de Portland, — A. Talbot, comtesse d'Arundell. Six portraits d'après Ant. van Dyck. Très belles épreuves.

342 — Charles Ier, roi d'Angleterre, — Comte de Portland, — L. et C. de Wael, — J. Malder, — Ch. Louis, comte Palatin, — Thomas Howard, — Th. Wentworth. Sept portraits d'après Ant. van Dyck. Onze pièces dont plusieurs doubles. Belles épreuves.

HOLLAR (Wenceslas)

343 — Anne-Marie d'Autriche, — Philippe IV, — Rubens, — Vittoria Colonna, — Alb. Durer, etc. Trente-cinq portraits. Belles épreuves, plusieurs doubles.

344 — Portraits d'après H. Holbein. Vingt pièces. Belles épreuves, plusieurs doubles.

345 — Têtes de Femmes. Vingt et une pièces, plusieurs en très belles épreuves.

346 — Costumes de Femmes. Soixante-quatorze pièces in-12 et in-8. Belles épreuves.

347 — Varie Figuræ (d'après L. de Vinci, six pièces), — Les Quatre Saisons, — Chien-lion, — Tête de chat, — Bataille de paysans et Paysages, d'après Breughel, — Papillons, — Vénus, Cérès, d'après Elsheimer, — David, d'après Holbein, — Cinq Manchons, — La Cathédrale d'Anvers, etc. Quarante pièces. Bonnes épreuves.

348 — Sujets religieux, — Vues, Paysages et Animaux, — Vignettes et Caricatures. Deux cent vingt-cinq pièces, dont plusieurs doubles, la plupart en belles épreuves.

HOPFER (Daniel)

349 — Jésus se séparant de sa Mère (B. 8). Très belle épreuve du premier état avant le n° 24.

350 — Le Crucifix dans une niche d'architecture (13). Très belle épreuve du premier état avant le n° 50.

351 — Saint Georges (B. 41), — Faunes et Satyres faisant la vendange (49). Deux pièces. Belles épreuves.

HOPFER (Jérôme)

352 — Jésus, Marie et Joseph (B. 4). In-8. Très belle épreuve du premier état avant le n° 202.

353 — Erasme, de Rotterdam (B. 62). In-4. Très belle épreuve du deuxième état.

HOPFER (Jérôme)

354 — Mathieu, archevêque de Salzbourg (59), — François de Sickingen (65), — Apollon et Diane (13), — Danse de faunes et bacchantes (29), — Danse de paysans (43). Cinq pièces. Belles épreuves avec les n^{os} .

HUET (d'après J.-B.)

355 — Ce qui est bon à prendre est bon à garder, par A. Chaponnier. In-fol. Belle épreuve avant la lettre.

356 — L'Amour prie Vénus, par L. Bonnet. In-4. Très belle épreuve imprimée en couleurs et avec grandes marges.

ISABEY (d'après J.-B.)

357 — Mme Dugazon, par Monsaldy. Très belle épreuve imprimée en couleurs.

358 — La Barque d'Isabey, par Aubertin. Grand in-fol. Belle épreuve avant la lettre.

JORDAENS (Jacques)

359 — Jésus chassant les vendeurs du Temple, — Le Christ descendu de la croix, — Mercure et Argus, — Cacus dérobant les vaches d'Hercule, — Jupiter enfant allaité par une chèvre, — Jupiter et Io. Sept pièces dont une en double. Belles épreuves, plusieurs en premier état.

JORDAENS (d'après Jacob)

360 — La Fête des Rois, — Le Satyre et le Paysan. Deux pièces in-fol, gravées par Paul Pontius et I. Neefs. Belles épreuves.

JUGEL (F.)

361 — Entrée de Napoléon Ier à Berlin, d'après L. Wolf. In-fol. Belle épreuve avant la lettre.

KAUFFMANN (d'après Angélica)

362 — Portrait de Mme X... et de sa Fille, par Th. Burke. Ovale in-fol. 1784. Très belle épreuve avant la lettre, imprimée en bistre.

KEATING (G.)

363 — N'ayant que Dieu pour témoin (Louis XVI écrivant son Testament), d'après Singleton. In-fol. Très belle épreuve avec marges.

KRUG (Louis)

364 — La Nativité (B. 1), — L'Adoration des Rois (2). 1516. Deux pièces rares. Bonnes épreuves.

LAMBERT (d'après)

365 — Changement de lait de Paul et Virginie, — Paul et Virginie dans la Forêt, — Cérès et Bacchus, — Hiver et Flore. Quatre pièces in-fol., gravées par Aug. Legrand. Très belles épreuves en couleurs.

LANCRET (d'après Nicolas)

366 — La Coquette de Village, — Le Jeu du Pied-de-bœuf, La Soirée. Trois pièces in-fol., gravées par N. De Larmessin. Belles épreuves.

367 — Le Faiseur d'oreilles, — Les Oyes de Frère Philippe, — Frère Luce, — Pâté d'anguille. Quatre pièces gravées par De Larmessin pour les Contes de La Fontaine. Très belles épreuves.

368 — Le Villageois qui cherche son veau, — La Courtisane amoureuse, — Le Fleuve Scamandre, — La Servante justifiée. Quatre pièces gravées par N. De Larmessin, pour les Contes de La Fontaine. Très belles épreuves.

369 — Le Rossignol, — La Courtisane amoureuse, — Le Villageois qui cherche son veau, — Le Faucon, — Les Rémois, etc. Seize pièces gravées par De Larmessin, pour les Contes de La Fontaine, la plupart en mauvais état de conservation.

LARMESSIN (Nicolas de)

370 — Portrait équestre de Louis XV, d'après Parrocel. In-fol. Très belle épreuve.

LARMESSIN (Nicolas de)

371 — Le Prince de Vaudemont, — Louis XV en pied, — G. Coustou, — C. Hallé, — N. Vleughels, — Turenne, — Pierre Mayeur. Neuf pièces in-fol. dont deux doubles. Belles épreuves.

372 — Anne d'Autriche, — P. Mayeur, — W. de Lowendal, — Princesse de Conty, — L. Arnauld, etc. Douze pièces in-4 et in-fol.

373 — Marie-Louise d'Orléans, — Marie-Thérèse de France, — Princesse de Conty, — Duchesse de La Vallière, — Marie-Anne de France, — Duchesse de Lude, — Louise-Françoise de Bourbon, — Mme de Maintenon, — Anne-Marie d'Orléans, — Marquise de Montespan. Onze pièces dont une en double. Belles épreuves.

374 — Rois de France et Portraits divers. Quatre-vingt-quinze pièces.

LASNE (Michel)

375 — Louis XIII, — Le P. Joseph, — F. Quesnel, — J. Callot, — Mich. Strozzae, — Charles de Créquy, — Michel de Marillac, — Séb. Hardy, — Le P. N. Caussin. Dix pièces. Très belles épreuves.

376 — G. de l'Aubespine, — Cardinal de Bérulle, — J. Doublet, — Mich. Ferrand, — J. de Laffemas, — P. de Marcassus, — René Moreau, — N. de Neufville, — N. Richelet, — Barth. Tremblet. Dix pièces, plusieurs en très belles épreuves.

377 — H. Spondanus, — J. C. Doria, — F. de Bassompierre, J. Callot, — F. Quesnel, — Le P. Joseph, — Louis XIII, — M. de Marillac, etc. Vingt-cinq pièces. Bonnes épreuves.

LAWREINCE (d'après N.)

378 — Mistress Merteuil and Miss Cecile Volange, par Romain Girard. In-fol. Très belle épreuve avec marge.

LAWREINCE (d'après N.)

379 — Le Lever des Ouvrières en Modes, par F. Dequevauviller. In-fol. Très belle et très rare épreuve à l'état d'eau-forte pure, sans aucunes lettres, avec marge.

LE BAS (J.-P.)

380 — Représentation de l'arrivée et de la descente du roi Louis XV devant la cathédrale de Strasbourg, d'après J. M. Weiss. In-fol. en largeur. Très belle épreuve.

LE BEAU

381 — Mme Du Gazon. In-8. Très belle épreuve.

LE CLERC (Sébastien)

382 — Batailles et scènes historiques, — Allégories, — Métiers, — Paysages, — Vignettes, — Principes de dessin. Environ quatre cents petites pièces, un certain nombre de doubles.

LECLERC

383 — Le Bœuf à la Mode d'après Lançon. In-fol. Très belle épreuve. Rare.

LE FÉBURE (Claude)

384 — Charles Patin (R. D. 3.). Très belle épreuve du premier état.

LE PAUTRE (Jean et Pierre)

385 — Sujets mythologiques, — Fontaines et Motifs d'architecture. Trente pièces in-4 et in-fol. Belles épreuves.

LÉPICIÉ et SAINT-AUBIN

386 — Charlotte Desmares, — Catherine Dufresne, — Lekain. Trois pièces in-fol. Belles épreuves.

LE PRINCE (d'après J.-B.)

387 — La Lettre envoyée, — La Lettre rendue, — Les délices de l'Été, — Le Médecin clairvoyant, — Scène russe. Six pièces in-fol., gravées par N. De Launay, Lienard, Helman, Saint-Aubin. Belles épreuves, une en double et une avant la lettre.

LESUEUR (Eustache)

388 — La Sainte Famille (R. D. 1). Seule pièce du maître. Très belle épreuve du deuxième état avec l'adresse de Bourlier. Rare.

LEU (Thomas de)

389 — Éléonore d'Autriche, Reine de France (R. D. 357). Belle épreuve.

390 — Charles de Gonzague, duc de Nevers (R. D. 469). Très belle épreuve.

LEYDE (Lucas de)

391 — Adam et Ève pleurant la mort d'Abel (B. 6), — Le péché d'Adam et Ève (10), — Adam et Ève fugitifs (11), — Caïn tuant Abel (13), — Lameth et Caïn (14), — Loth et ses Filles (16). Six pièces. Bonnes épreuves.

392 — Histoire de Joseph (B. 19-21-24), — David victorieux de Goliath (26), — David en prière (29). Six pièces.

393 — David jouant de la harpe devant Saül (B. 27). Belle épreuve d'un troisième état *non décrit*, l'adresse de M. Petri effacée dans le bas à gauche.

394 — Salomon adorant les Idoles (B. 30), — Esther devant Assuérus (31), troisième état *non décrit*, l'adresse de M. Petri effacée, — Les deux Vieillards apercevant Suzanne (33). Trois pièces. Bonnes épreuves.

395 — L'Annonciation (B. 35), — La Visitation (36), — La Vierge, Jésus et sainte Anne (79), — Le Baptême de Jésus-Christ (40), — Jésus tenté par le démon (41), — Jésus couronné d'épines (68-69), — Jésus présenté au peuple (70). Neuf pièces.

396 — Adoration des Mages (B. 37), épr. rognée, — Jésus présenté au peuple (71), — La résurrection de Lazare. (42). Trois pièces in-fol. Bonnes épreuves.

LEYDE (Lucas de)

397 — Sainte Véronique (B.72), — Le Couronnement d'épines (73), — Jésus apparaît à la Madeleine (77), — Les Quatre Évangélistes (100-103), — La Vierge et l'Enfant-Jésus (81-83-84), — Saint Pierre et Saint Paul (106), — Saint Christophe (108). Quinze pièces dont deux doubles.

398 — Mars et Vénus (B. 137), — Vénus et l'Amour (138), — Le Fou (150), — Le Garçon avec la Trompe (152), — La Femme et la Biche (153), — La Femme et le Chien (154), — Les Enfants guerriers (165). Neuf pièces dont deux doubles.

399 — Un Enseigne (B. 140), — Un jeune homme à la tête d'une troupe de gens armés (142), — Les Gueux (143), — La Promenade (144), — Un homme et une femme assis dans une campagne (148). Six pièces dont une en double.

400 — Les Musiciens (B. 155), — Le Chirurgien (156), — L'Opérateur (157), — La Laitière (158). Rare. Quatre pièces. Bonnes épreuves.

401 — L'Espiègle (B. 159). Copie par Henri Hondius, 1644. Deux très belles épreuves.

402 — Une composition d'ornements (B. 161), — Un écusson vide (166), — Un écusson rempli par un Mascaron (167), — Les Armes de la Ville de Leyde au milieu de quatre ronds (168), — Deux ronds avec sept sujets d'amours (170), — Rinceau d'ornements (171). Sept pièces dont un double.

403 — Son propre Portrait (B. 173), — Portrait d'un jeune Homme (174). Deux pièces.

404 — Sujets divers. Soixante-quinze pièces. Originaux et copies.

LIGNON (F.)

405 — Mlle Mars, — Talma. Deux pièces in-fol., d'après le baron Gérard. Très belles épreuves dont une avant toutes lettres, avec des essais dans la marge.

LITHOGRAPHIES

406 — Les Amours des dieux, par Girodet, — Scènes de genre, — Portraits. Trente-quatre pièces par Aubry-Lecomte, L. Boulanger, Léon Cogniet, Ary Scheffer, etc. Belles épreuves.

LIVENS (Jean)

407 — Sujets religieux, — Portraits et Têtes de fantaisie. Trente pièces, plusieurs en premier état. Belles épreuves.

LORRAIN et LE GUASPRE (d'après Claude)

408 — Paysages. Douze pièces in-fol. et grand in-fol., gravées par W. Woolett, D. Lerpinière, Vivarès, Lowry, etc. Très belles épreuves.

LOUTHERBOURG (d'après P.-J.)

409 — Laurette, — La Bergère des Alpes, par W. Byrne et S. Middiman, 1776. Deux pièces rondes, in-fol. Très belles épreuves à grandes marges.

MAITRE AU MONOGRAMME C. W.

410 — Le Soldat portant un drapeau. Copie en contre-partie d'une estampe de Lucas de Leyde. Belle épreuve.

MALLET, DUBRUSLE et KEPFER (d'après)

411 — La Toilette, — La Frileuse, — La Somnambule, — Les Cartes, — La Réussite, — Le Lever, — Le Bain, — La Toilette, — Le Coucher, — Le Jour de Noces, — Le Lendemain de Noces, — Le Coucher, — La Fileuse, — L'Amour surveillant, — Le Bouquet d'amitié, — La Rose d'amour. Vingt pièces gravées par P. Augrand, Benoist, Chardon, Choubard et Chaponnier. Très belles épreuves, la plupart en couleurs.

MANIÈRE NOIRE (ESTAMPES GRAVÉES EN)

412 — L'Amour et Psyché, — Nymphe au bain, — Arr. Hugens, — Comtesse de Ranelagh, — L'Infante Dona Isabelle, — Z.-P. Zoomer. — Louis Dauphin de France, — Louis XIV, — A. van Ostade, — Louis, duc de Bourgogne. Onze pièces gravées par Blooteling, Brookshaw, J. Gole, Smith, etc. Belles épreuves.

413 — Descente de croix, — Mort de Germanicus, — Métamorphose de Phaëton, — Lady Macbeth, — Le Satyre et le Voyageur, — La Sorcière, — Officier autrichien, — Memento Mori. Neuf pièces in-fol. gravées par Th. Burke, Dixon, Freidhoff, Green, Smith, W. Ward et Ridinger. Très belles épreuves.

MARCENAY DE GHUY (A. DE)

414 — Le Prince Eugène de Savoie, d'après Kupetzki, in-8. Très belle épreuve avant toutes lettres.

415 — Jeanne d'Arc, — Bayard, — Henri IV, — Sully, — Turenne, — Villars, — Charles VII, — Chancelier de l'Hopital. Neuf pièces. Belles épreuves.

416 — Portraits d'après Rembrandt et Van Dyck, — Sujets et Paysages d'après Rembrandt, Uden, Parrocel, Vernet, etc. Vingt-trois pièces, plusieurs avant la lettre. Belles épreuves.

MARILLIER (d'après C.-P.)

417 — Les Bains de Diane, par Maleuvre. In-fol. Belle épreuve.

MASSON (ANTOINE)

418 — Duc d'Albret (R. D. 14), — G. de Brisacier (15), — Marin Cureau de la Chambre (24), — Guy-Patin (59, deuxième et troisième états). Six pièces. Bonnes épreuves. dont une en double.

MAYER (d'après Mlle)

419 — L'Innocence préfère l'Amour à la Richesse, par B. Roger. In-fol. Deux belles épreuves dont une avant la lettre.

MELLAN (Claude)

420 — H.-L. Habert de Montmor, — N. Fabri de Peiresc, — H. Blacuodœus, — La France au tombeau d'Anne d'Autriche. — Titres pour la Bible et la Vérité des Fables. Sept pièces dont deux avant la lettre.

MÉRYON (Charles)

421 — Tourelle de la rue de la Tixeranderie, démolie en 1851 (Ph. Burty, 41). Très belle épreuve du premier état.

422 — Saint-Étienne-du-Mont (P. B. 42). Très belle épreuve avant la lettre.

423 — Collège Henri IV ou Lycée Napoléon. In-fol. Belle épreuve à toutes marges.

MOOR (Karel de)

424 — François Mieris, peintre de Leyde. In-4. Très belle épreuve.

MOREAU le jeune

425 — Bethsabée au bain, épreuve avant la lettre, — Arrivée de la reine à l'Hôtel de Ville, — Cathédrale d'Orléans, — Vignettes. Quinze pièces. Bonnes épreuves.

MORGHEN et VOLPATO

426 — Saint Paul arrêtant Attila, — Saint Pierre délivré de prison, — L'Incendie del Borgo, — Apollon et les Muses, — La Danse des clairons, — Angélique et Médor. Sept pièces in-fol. et grand in-fol. Très belles épreuves.

MORIN (Jean)

427 — Adoration des bergers, — La Vierge pleurant Jésus, — Comte d'Harcourt, — Jansenius, — Louis XI, — Louis XIII, — Christ. de Thou, — Paysages. Vingt-deux pièces.

MORO (Marco Angolo del)

428 — La Sibylle Tiburtine et Auguste (B. 3, premier état), — Triomphe de Neptune (7). Deux pièces. Belles épreuves.

NANTEUIL (Robert)

429 — Bellièvre (Pomponne de) (R. D. 36, premier état). Très belle épreuve surmontant le texte d'une thèse. Rare.

430 — Cardinal de Coislin (R. D. 69, premier état), — Louis Hesselin (110, deuxième état),— Mich. Le Tellier (130). Trois pièces. Très belles épreuves.

431 — C. M. Le Tellier (R. D. 139). Très belle épreuve du premier état. Très rare.

432 — J. P. de Lionne (R. D. 147, deuxième état), — Mallier de Houssay (167, deuxième état),— P. de Maridat (168), — Édouard Molé (193),— René de Longueil (166). Cinq pièces. Belles épreuves.

433 — Mazarin (182),— Mazarin (187, premier état),— F. de Neuville (203, deuxième état; 204, troisième état). Quatre pièces. Belles épreuves.

434 — Georges de Scudéry (R. D. 222, premier état), — Seguier de Saint-Brisson (224),— A. Servien (225, premier état), — Turenne (232, deuxième état, rare). Quatre pièces. Belles épreuves.

435 — Les quatre Évangélistes (R. D. 7, troisième et quatrième états),— Anne d'Autriche (22, quatrième état),— Gilles Boileau (43, troisième état), — Christine de Suède (67, troisième état), — J. B. Colbert, — P. Dupuis (88), — F. Guenault (105), — Louis XIV (156, quatrième état), — M. Molé (194), — J. F. Sarrazin, — J. B. van Steenberghen (226), — C. Thévenin (231). Treize pièces.

NAPOLÉON Ier (estampes sur)

436 — Portraits, — Sujets historiques et allégoriques. Dix-neuf pièces par B. Roger, Levachez, Tardieu, Baltard, Bosselman et autres. Belles épreuves, plusieurs coloriées et avant la lettre.

NORBLIN (J.-P.)

437 — Sujets religieux, — Portraits et Têtes de fantaisie, — Gueux et Mendiants, — Paysages. Cent trente-cinq pièces. Très belles épreuves, un certain nombre en double.

ORNEMENTS

438 — Vases, — Panneaux, — Chaires, — Motifs d'ornementation et d'architecture. Quarante pièces anciennes et modernes par Boucher fils, Aveline, Watelet, Ch. Beurlier, M. Riester.

OSTADE (Adrien van)

439 — Paysan avec une petite toque noire (B. 1). Deux épreuves, dont une du deuxième état, très rare, avant la bordure et les initiales du maître.

440 — Paysan avec un bonnet pointu (B. 3), — Le Père de famille (33), — Le Trictrac (39), — Le Joueur de violon bossu (44, avant-dernier état), — La Famille (46), — Paysan qui rit (4). Six pièces. Belles épreuves anciennes.

441 — Sujets divers. Soixante-dix pièces.

OSTADE et TÉNIERS (d'après)

442 — Les cinq Sens, — Les trois Commères, — Le Lendemain des nopces, — Scènes de cabaret et Paysages. Dix-sept pièces gravées par Le Bas, Suyderhoef, P. van Reyschoot et Visscher. Belles épreuves.

PARIS (vues de)

443 — Palais-Bourbon, — Hôtel de Ville, — *Te Deum* à Notre-Dame, — Intérieur de l'église Sainte-Geneviève (Panthéon), — Église Sainte-Geneviève, — Vues des boulevards de Montmorency, — Notre-Dame, — Théâtres Français, Italien, Porte-Saint-Martin, Variétés, — La Place Louis XV, — Le Luxembourg, — Le Gros-Caillou, — Maison de Mme de Brunoy, — Hôtel de Beauveau. Dix-huit pièces gravées par Marot, Auvray, Née, Masquelier et Poulleau. Belles épreuves.

PARIS (ESTAMPES SUR LES ENVIRONS DE)

444 — Passy, — Vincennes, — Chaville, — Versailles, — Chatou. Vingt-sept pièces, par Flamen, Masquelier, Perelle, etc. Belles épreuves.

PARISET

445 — Dianh and her Nymphs. In-fol. Très belle épreuve imprimée en bistre, avec marges.

PARROCEL (d'après Ch.)

446 — Portrait équestre du marquis de la Ferté, par Beauvais. In-fol. Très belle épreuve avant toutes lettres.

PENCZ (GEORGES)

447 — Abraham renvoyant Agar (B. 3), — Abraham caressant Agar (6), très rare, — Loth enivré par ses filles (20), — David apercevant Bethsabée au bain (21). Quatre pièces. Très belles épreuves.

448 — Thomiris (B. 70), — Pâris amoureux d'Œnone (72), — Céphale tuée par Procris (73), — Mutius Scevola (74), — Régulus (77), — Les quatre Sujets de l'histoire romaine, en largeur (78-81), — Sophonisbe (82), — Virginius tuant sa fille (84). Quinze pièces dont quatre doubles. Bonnes épreuves.

449 — Sujets de la Bible et de la Mythologie, — Triomphes, — Prise de Carthage. Trente-huit pièces.

PENSÉE (CHARLES)

450 — Principaux Monuments et Curiosités de la ville d'Orléans. Quarante-neuf lithographies. Belles épreuves.

PESARÈSE (S. CANTARINI, DIT LE)

451 — Saintes Familles, — Repos en Égypte, — Saint Jean, — Saint Sébastien, — L'Ange gardien, — Enlèvement d'Europe, etc. Vingt-quatre pièces. Belles épreuves, plusieurs doubles.

PESNE (Jean)

452 — N. Poussin, — L'Assomption, — Enlèvement de saint Paul, — Esther et Assuérus, — La Nativité, — La Charité romaine, — La Sainte Famille, — Travaux d'Hercule, — Testament d'Eudamidas. Vingt-cinq pièces in-fol. Bonnes épreuves.

PIÈCES HISTORIQUES

453 — Le prince Lambesc aux Thuilleries, — Batailles de Belgique (1792), — La Fête de la Fédération, — Les Filles de joye, etc. Neuf pièces dont quatre imprimées en couleurs. Belles épreuves.

PORTRAITS

454 — Femmes : Denise Camusat, — Mme Favart, — Comtesse de Sunderland, — Marguerite d'Orléans, — Mme du Barry, — Marie S. de la Boissière, — A.-L. Durbach, — Mlle Clairon, — Princesse de Conty, — Jeanne d'Arc, — Mlle Albuzzi, — Adrienne Le Couvreur, — Princesse de Pologne, — Marie-Antoinette. Quinze pièces gravées par Trouvain, Flipart, B. Schwan, P. Lombart, Gaucher, Petit, Schmidt, St-Aubin, Le Mire, etc. Belles épreuves.

455 — Femmes : Marie-Louise, — Prince et princesse de Suède, — Mme Louis David, — Baronne de Stael, — Mme de Maintenon. Huit pièces gravées par Choubard, Léopold Robert, N. Bertrand, Benoist, Laugier, Mercuri, Ruotte. Belles épreuves.

456 — Peintres : Séb. Bourdon, — Ant. Coypel, — Ch. de la Fosse, — F. Girardon, — N. Hallé, — B. Spranger, — C. Vanloo, — F. Verdier, — N. Vleughels, — Simon Vouet. Onze pièces in-4 et in-fol. gravées par L. Cars, G. Duchange, Aliamet, Sadeler, Daullé, Desrochers, Jeaurat et F. Perrier. Belles épreuves.

457 — Graveurs : J. Callot, — F. Chauveau, — C.-N. Cochin fils, — G. Edelinck, — J. Lutma, — J.-G. Wille. Six pièces gravées par Vorsterman, L. Cossin, Daullé, R. Devaux, Lutma et J.-G. Muller. Belles épreuves.

PORTRAITS

458 — Acteurs et actrices : Fleury, —Talma, — Mme de Saint-Aubin, — Adrienne Le Couvreur, — Mlle Clairon, — Mlle Arnoud, — Mlle Duchénois, — Mme Pasta, — Mlle Raucourt. Dix pièces in-4 et in-fol. gravées par F. Girard, Leroy, Prud'hon fils, Audouin, Aubert, Henriquel-Dupont et Ruotte. Belles épreuves.

459 — Comte de Vergennes, — Gontaut de Biron, — Ch. Rollin. — F. Castanier, — Carle Vanloo. Cinq pièces in-fol. gravées par Vangélisti, le comte de Baudouin, Baléchou, Gaillard et Basan. Très belles épreuves.

460 — De Loménie, — R. Secousse, — De Gondy, — Loret, J. Callot, — Colbert, — L'abbé Terray, — Necker, — Fénelon, Monthyon, etc. Quarante pièces gravées par J. Audran, Mich. Lasne, Lubin, Bonnart, Landry, Rousselet, Saint-Aubin et autres. Bonnes épreuves.

461 — Dorat, — Bossuet, — Villars, — Duc de Chartres, — J. Laure, — Buffon, — Necker, — F.-P. Ducluzel, — Picard, — G. Belma. Onze pièces gravées par Le Beau, Chevillet, L. Roger, Madame de Cernel, H. Watelet, N. de Launay, C. Baron et Saint-Aubin. Belles épreuves dont deux imprimées en couleurs.

462 — J.-L. Guez de Balzac, — F. Langlois, dit Ciartres, — Cl. Chérier, — J. Chaillou de Thoisy, — Ch. Du Fresny, — Mazarin, Chev. Cl. de Bourdaloue, — E. Le Camus, — Louis XIII enfant, — V. Hotman, — Anne, duc de Noailles, — Louis XIV, — E. Colbert. Quatorze pièces in-4 et in-fol., gravées par G. Vallet, J. Pesne, J. Audran, Roullet, Pitau, Firens, Rousselet, Lenfant, G. Montbard. Belles épreuves.

463 — L'Arioste, — Raphaël, — Strada, — S. Eikelenberg, — Joseph II, — Th. Parr, — P. de Jode, — G. Flinck, — F.-D. Silvius, etc. Vingt pièces gravées par Aquila, Blooteling, Van Dalen, Blœmaert, Houbraken et autres. Belles épreuves.

PORTRAITS

464 — Christophe Colomb, — L.-A. de Cessart, — Lord Byron, — Gouvion Saint-Cyr, — Bernadotte, — Kléber, — La Fayette, — Sauvageot, etc. Vingt pièces gravées par Mercuri, B. Roger, Aubertin, Henriquel-Dupont, Fiesinger et autres. Belles épreuves, plusieurs avant la lettre et à l'état d'eau-forte pure.

PRIEUR (d'après)

465 — Les Journées de la Révolution, gravées par Berthault. Trente-cinq pièces, belles épreuves.

PRUD'HON (P.-P.)

466 — L'Enlèvement d'Europe (E. de Goncourt 3). Très belle épreuve du premier état avant toutes lettres.

467 — Une Lecture (E. de G. 7). Très belle épreuve du troisième état, sur chine.

468 — Une Famille malheureuse (E. de G. 9). Deux épreuves des deuxième et quatrième états.

PRUD'HON (d'après P.-P.)

469 — L'Amour séduit l'Innocence, le Plaisir l'entraîne, le Repentir suit, par B. Roger. In-fol. Très belle épreuve à toutes marges.

470 — La Justice et la Vengeance Divine poursuivant le Crime, par B. Roger. In-4. Deux épreuves dont une très belle, avant l'encadrement et la lettre.

471 — L'Etude guide l'Essor du Génie, — Les Petits Dévideurs, — Les Petits Fileurs, — Une Pensée, — Le Triomphe de Vénus, — La Vierge. Six lithographies par Aubry-Lecomte. Belles épreuves sur chine.

472 — L'Enlèvement de Psyché, — Le Zéphir. Deux pièces grand in-fol., gravées par H. C. Muller et N. Laugier. Belles épreuves à toutes marges.

PRUD'HON (d'après P.-P.)

473 — La Loi, gravée par Copia. In-8. Belle épreuve à toutes marges.

474 — La Vengeance de Cérès, gravée par Copia. Très belle épreuve avant la lettre.

475 — Le Cruel rit des pleurs qu'il fait verser, — L'Amour réduit à la raison. Deux pièces in-fol., se faisant pendant, gravées par Copia. Belles épreuves avant la lettre avec grandes marges.

476 — Mange mon petit, mange, — Oh ! les jolis petits chiens. Deux pièces in-fol., gravées par B. Roger. Belles épreuves.

477 — Vignettes pour Daphnis et Chloé, Aminta, Abrocome et Anzia, La Bible, L'Art d'aimer. Quatorze pièces gravées par B. Roger. Belles épreuves, plusieurs en double.

478 — En jouir, — Daphnis et Chloé, — La Famille malheureuse, — L'Égalité, — La Vertu aux prises avec le Vice, etc. Neuf pièces par Copia, Roger, de Montaut, Marin-Lavigne, Dugelay.

QUENEDEY (EDME)

479 — Portraits gravés au Physionotrace. Quatre-vingt quatre pièces. Très belles épreuves.

RAFFET (A.-D.-M.)

480 — Croquis divers (eau-forte), — Dernière charge des lanciers rouges à Waterloo, — Tirez sur les chefs... — Le fils du brave Canaris, etc. Sept pièces, belles épreuves.

481 — Convoi du Général Foy (G. 52). Belle épreuve. Rare.

482 — Combat d'Oued-Alleg (Giacomelli 82). In-fol. Belle épreuve sur chine du troisième état *non décrit ;* l'adresse de la rue Favart est remplacée par : *Rue du Bac.*

RAFFET (A.-D.-M.)

483 — Uniformes Français : Marine royale, — Infanterie légère, — Garde nationale, — Cavalerie légère, — Garde municipale de Paris. Cinq pièces in-4. Belles épreuves coloriées.

RAIMONDI (MARC-ANTOINE)

484 — Les Cavaliers Romains (B. 188-191), —Lucrèce (192), — Silène (222),— Le Satyre et une Nymphe (223). Neuf pièces dont deux doubles. Bonnes épreuves.

485 — La Vendange (B. 306), — Mars, Vénus et l'Amour (345 — deuxième état), — La petite Peste (417), — La Femme en méditation (443), — La Cassolette (489), Le Seigneur et la Dame, d'après A. Durer (632). Six pièces, bonnes épreuves.

486 — Le Songe de Raphaël (B. 359). In fol. Très belle épreuve de la coll. F. Desbois. Rare.

87 — Le Jeune Homme au Brandon (B. 360), — La Jeune Femme entre deux Hommes (399). Deux pièces, bonnes épreuves.

488 — Chasteté de Joseph (B. 9), — Néréide portée par un Triton (228 — premier état), — Satyre découvrant une Nymphe (285), — Le Jeune et le Vieux Bacchant (294), Faune au tigre (307), — Apollon (334), — Angles du Palais Ghigi (342 et 344), — Le Jeune Homme aux deux trompettes, etc. Dix-huit pièces. Originaux et copies.

489 — Sujets religieux et mythologiques, — Statues, — Allégories. — Copies d'après Alb. Durer, etc. Cent vingt pièces. Originaux et copies, un certain nombre de doubles.

490 — Sujets religieux et mythologiques, — Allégories et Scènes de genre. Soixante-huit pièces. Originaux et copies.

RAIMONDI (Marc-Antoine) et son ÉCOLE

491 — Sujets religieux et mythologiques, Allégories. Quinze pièces, plusieurs rares. Belles épreuves.

RAVENNE (Marc de)

492 — Dieu apparaissant à Isaac (B. 7), — L'Annonciation (15), — La Cène (27), — Saint Judas Thaddée (89, — premier état). Quatre pièces. Belles épreuves.

493 — Entellus et Darès (B. 195), — Trajan combattant contre les Daces (206), — Le Bas-relief aux trois Amours (242), — Le Laocoon (243, — deuxième état), — Vénus blessée par l'épine d'un rosier (321, — deuxième état), — Vénus et l'Amour portés sur des dauphins (324, — troisième état), — La Force (395), — Bataille (420), — Assemblée de savants (479), — Statue (436), — Statue de Marc-Aurèle (515). Onze pièces. Bonnes épreuves.

REMBRANDT VAN RYN

94 — Agar renvoyée (Ch. Blanc, 3), — Tobie aveugle (15), — L'Ange s'enfuyant de la famille de Tobie (16), — La Nativité (18), — La Présentation au Temple (22 et 24), — La Petite Tombe (39), — Le Denier de César (42), La Samaritaine (45), — La petite Résurrection de Lazare (48). Onze pièces dont une en double. Bonnes épreuves.

495 — La Circoncision (C. B. 20). Très belle épreuve du premier état.

496 — Repos en Egypte, au trait (C. B. 31), — La Vierge et l'Enfant sur des nuages (32), — La Vierge au linge (33, — deuxième état). Quatre pièces dont une en double. Bonnes épreuves.

497 — La Vierge au Chat (Ch. Blanc, 34). Très belle épreuve du premier état.

498 — Jésus au milieu des Docteurs (Ch. Blanc, 36). Très belle épreuve du deuxième état avant que la planche n'ait été terminée en manière noire.

REMBRANDT VAN RYN

499 — Jésus guérissant les malades, dite « la Pièce aux cent florins » (C. B. 49), — Le Christ en croix, ovale (54), — Le Christ en croix (55), — Les Pèlerins d'Emmaüs (63), — Baptême de l'Eunuque (69). Six pièces dont une en double.

500 — Jésus porté au tombeau (60), — Jésus mis au tombeau (61, — troisième état). Deux pièces. Belles épreuves.

501 — Saint Jérôme lisant au pied d'un arbre (C. B. 71), Rare. — Saint Jérôme en prière (73), — Saint Jérôme en méditation (76). Cinq pièces dont deux doubles. Bonnes épreuves.

502 — La Fortune contraire (C. B. 81), — La Médée (82), — Le Jeu de Kolef (97, — premier état), — Trois pièces Belles épreuves.

503 — Le Docteur Faustus (C. B. 84), — La Faiseuse de Koucks (93), — Jean Lutma (182), — Haaring le jeune (179), — Les Musiciens ambulants (90). Six pièces dont une en double. Bonnes épreuves.

504 — Chasse au lion dans le goût de Rubens (88), — Sujet de bataille (89, — troisième état). Deux pièces. Belles épreuves.

505 — Gueux et Figures de fantaisie (C. B. 91-106, 107, 110, 115, 125, 135, 137, 176, 140, 141, 142). Vingt pièces dont plusieurs doubles. Belles épreuves.

506 — Le Peintre dessinant d'après le modèle (157), — Homme nu assis (158), — Figures académiques d'hommes (159), — Femme au bain (163), — Diane au bain (165), — La Négresse couchée (169). Sept pièces dont une en double. Bonnes épreuves.

507 — Jean Asselin (C. B. 171), — Abraham Frans (176), — Clément de Jonghe (180), — Jean Lutma (182), — Menasseh ben Israël (183), — J.-C. Silvius (186), Six pièces

REMBRANDT VAN RYN

508 — La Mère de Rembrandt (C.B. 192 et 198), — La Femme à la guimpe (243), — Feuille de six têtes dont cinq de femmes (249). Cinq pièces dont une en double. Bonnes épreuves.

509 — Rembrandt aux yeux hagards (217). Bonne épreuve d'une pièce rare.

510 — La Femme de Rembrandt malade (202), — Rembrandt au bonnet retombant (224), — Griffonnements (237), — La Mauresse blanche (241), — Un Ecrivain (257), — Homme à bouche de travers (259), — Homme avec bonnet. (264), — Homme de face avec bonnet (265), — Homme à bonnet fourré et manteau brodé (267), — Vieillard au manteau de velours (270). Dix pièces Belles épreuves.

511 — Rembrandt et sa femme (C. B. 203), — Rembrandt faisant la moue (214), — Rembrandt à la bouche ouverte (219), — Rembrandt au bonnet fourré et à l'habit blanc (226), — Rembrandt à l'écharpe (229), — Rembrandt au sabre flamboyant (231), — Rembrandt au sabre et à l'aigrette (232), — Rembrandt dessinant (235) Dix pièces dont deux doubles. Bonnes épreuves.

512 — Vieillard portant la main à son front (Ch. Blanc, 268). Deux belles épreuves du deuxième état avant que la planche ait été terminée par G. F. Schmidt.

513 — Vieillard chauve (272), — Vieillard chauve (274), — Vieillard chauve à tête baissée (275), — Homme chauve à gros nez (276), — Vieillard à barbe blanche (278), — Vieillard au front ridé (281) — Autre vieillard au front ridé (282), — Vieillard à grande barbe (285), Juif, la bouche ouverte (291), — Profil de vieillard (294), — Tête d'homme criant (299), — Tête d'homme baissée (300). Seize pièces. Belles épreuves.

514 — Le Petit orfèvre, — Le Persan, — L'Etoile des Rois, — Les trois figures orientales, — Homme en méditation, — La Synagogue, — Académie, — Femme nue assise sur une butte. Neuf pièces dont une en double.

REMBRANDT VAN RYN

515 — La Chaumière entourée de planches (332). Belle épreuve, restaurée.

516 — Le Cochon (350). Belle épreuve du deuxième état. Rare.

517 — Sujets religieux, — Portraits et Têtes de fantaisie, — Paysages. Cent soixante pièces, épreuves modernes et copies.

RESTOUT FILS (J.-B.)

518 — Saint Bruno (P, de B. 1), — Saint Jérôme, — (premier et deuxième états, pièce non décrite). Trois pièces. Très belles épreuves.

RIBERA (JOSEPH)

519 — Le Corps mort du Christ (B. 1), Saint Jérôme (B, 4, 5). Quatre pièces. Bonnes épreuves.

520 — Tête d'homme (B. 8), — Principes de dessin (15-17). Quatre pièces. Très belles épreuves du premier état.

521 — Le Poète (B. 10), — Silène (13, deuxième état). Deux pièces. Belles épreuves.

522 — Le Centaure et le Triton (B. 11), — Le Satyre fouetté (12). Deux pièces très belles épreuves, rares.

ROBETTA

523 — L'homme attaché à un arbre par l'Amour (B. 25). Belle épreuve.

ROGER (BARTHÉLEMY)

524 — Constance de Salm, — Comte de Rechteren, — Fléchier, — J, Delille, — P. Camper, — Lecourbe, — Noverre, — J. G. de Winter, — Trois portraits dans un rond, d'après Sicardi. Onze pièces dont une avant la lettre et trois imprimées en couleurs.

ROGER (Barthelemy)

525 — J.-G. de Winter, — Louis de France, — Duc de Vendôme, — Duc d'Enghien, — Fénelon, — Fléchier, — Bossuet, — Conti, — Constantin, — Reybaz, — Camoens, — Le Sage, — Massillon, — La Rochefoucauld, — Pascal, — Fouquet, — Gresset, — Hamilton. Vingt-cinq pièces, dont quatre à l'eau-forte pure, les autres avant la lettre. Belles épreuves, plusieurs doubles.

526 — Elisabeth de France, — Marie-Antoinette (2 pts), — Joséphine-Louise de Savoie, — Duchesse de Fontanges, — Marquise de Montespan, — Duchesse de la Vallière, — Marguerite de Valois, — Marie Mancini, — Marie-Thérèse d'Autriche, — Anne d'Autriche, — Mme de Maintenon, — Mme de Sévigné, — Comtesse de Grignan, — Constance de Salm, — Marie Leczinska, — Mme de Tencin, — Miss Stewart. Quarante-deux pièces, dont trois avant la lettre. Belles épreuves, plusieurs en double.

527 — Portraits divers. Soixante-sept pièces in-8 et in-4. Belles épreuves.

ROSA (Salvator)

528 — Œdipe. — La chute des Titans. Deux pièces grand in-fol. Belles épreuves.

ROULLET (J.-L.)

529 — Jean-Baptiste Lully, d'après P. Mignard. In-fol. Belle épreuve.

530 — Jeanne de Chantal, d'après Ferdinand, — Etienne Le Camus. Deux pièces in-8. Très belles épreuves avant la lettre.

531 — Jean Delpech, d'après N. de Largillière. Deux très belles épreuves dont une du premier état avant la lettre.

ROULLET (J.-L.)

532 — Madame Le Riche, — J.-L. Marquis de Beringhen, — H. Marquis de Beringhen, — Hilaire Clément, — C. Le Tellier de Louvois. Six pièces dont une en double. Bonnes épreuves.

RUBENS (attribué à P.-P.)

533 — Saint François recevant les Stigmates, — La Madeleine pénitente, — Sainte Famille. Trois pièces in-8. Belles épreuves.

RUBENS (d'après P.-P.)

534 — Sujets religieux et mythologiques, — Allégories. Vingt-quatre pièces par Bolswert, Ragot, Soutman, Witdœch, etc.

RYDER (Thomas)

535 — Eliza (Mme de***), d'après Ehrman. In-4. Très belle épreuve imprimée en couleurs, avec marges.

SAVART (Pierre)

536 — Louis de Bourbon, prince de Condé (F. 15). Très belle épreuve d'un état *non décrit*, intermédiaire entre le premier et le deuxième ; elle est avec la lettre, mais avant les mots : *Bataille de Rocroy*, sur l'écusson. Rare.

537 — Christian VII (13), — Mme Deshoulières (16, deuxième état), — Le Tasse (34, premier état). Quatre pièces. Belles épreuves dont une en double sur parchemin.

538 — Boileau-Despréaux (F. 4, deuxième état), — Le même personnage (5, deuxième et troisième états), — La Fontaine (19). Quatre pièces. Belles épreuves.

539 — Bossuet (6, deuxième état), — Fénelon (18, deuxième état), — Richelieu (31, troisième état), — N. de Livry (22, quatrième état), — Bernis (3, deuxième état). Huit pièces, dont plusieurs doubles. Bonnes épreuves.

540 — Colbert, — Catinat, — Buffon, — La Bruyère, — Racine, — D'Alembert, — Rabelais, — Louis XIV, — Fontenelle, — Montalembert. Seize pièces, dont plusieurs doubles.

SAY (William)

541 — Love Sheltered, d'après H. Thomson. 1806. Grand in-fol. Superbe épreuve avec marges.

SCHALCKEN (G.)

542 — Portrait de Gerard Dov. Très belle épreuve du premier état.

SCHALL (d'après Fréd.)

543 — La Lanterne magique d'Amour, — Le Télégraphe d'Amour. Deux pièces gravées par P.-M. Alix. Très belles épreuves imprimées en couleurs, avec grandes marges.

544 — Le Premier Baiser de l'Amour, par Aug. Le Grand. In-fol. Belle épreuve à toutes marges.

545 — Les Amans trahis par leurs ombres, par Wogls. In-fol. Très belle épreuve à toutes marges.

546 — Le Modèle disposé, par A. Chaponnier. In-fol. Très belle épreuve.

SCHIAVONETTI (L.)

547 — Sa Majesté la Reine Régente et Son Altesse Royale Madame la princesse Louis de Prusse, d'après Tischbein. In-fol. Très belle épreuve.

SCHMIDT (Georges-Frédéric)

548 — Louis de La Tour d'Auvergne, comte d'Évreux. d'après H. Rigaud. In-fol. Deux très belles épreuves avec marges.

549 — Louise-Albertine de Brandt, baronne de Grapendorf, d'après Lesueur. In-fol. Deux épreuves dont une du deuxième état, très belle, avant les noms des artistes.

550 — Marie-Caroline Antoine de Savoie, — De Beauveau, — Bernouilli, — Mlle Clairon, — La Mettrie, — Frédéric-Guillaume, — Ant.-F. Prévost. Sept pièces in-8 et in-4. Très belles épreuves.

SCHMIDT (G.-F.)

551 — Nicolas Esterhasi, d'après L. Toqué, — J.-B. Silva, d'après H. Rigaud, — Ant. Pesne, — H. Voguel, — J.-T. Elier, d'après Ant. Pesne, — C.-G. Tubières de Caylus, d'après Fontaine. Dix pièces in-fol., dont deux doubles. Bonnes épreuves.

552 — Son propre Portrait, — Mme Schmidt, — Sujets et Portraits, d'après Rembrandt, Bol, Flinck, etc. — Paysages. Cinquante eaux-fortes. Très belles épreuves, plusieurs doubles.

553 — Antoinette de La Garde, — J. Milton, — Ninon de Lenclos, — F. Guyot-Desfontaines, — Scarron, — J.-B. Rousseau, — Villars, — J. Parrocel, — P. Du Bosc, — Anne d'Autriche, — R. Pucelle, — J.-P. Bignon, — Marie de Rabutin, Mme de Sévigné, — Anne de La Vigne, — Adrienne Le Couvreur, — Thevenard, Sanadon. Trente-neuf pièces de la suite d'Odieuvre. Très belles épreuves, la plupart avec l'adresse, un certain nombre en double.

SCHUPPEN (P. VAN)

554 — Martin de Barcos. 1701, — La Mère Angélique Arnauld, Le Fèvre de Caumartin, — G. de La Gardie, — G.-N. de La Reynie, — P. Pithou. Sept pièces in-fol. Belles épreuves, dont un double.

SILVESTRE (ISRAEL)

555 — Vues de France (dix-huit pièces), — Vues d'Italie, (cent vingt pièces). En tout, cent trente-huit pièces, un certain nombre en doubles. Belles épreuves.

SIMONET (J.-B.)

556 — Vœux accomplis (Portrait allégorique de Marie-Antoinette), d'après Ranchon et Moreau le jeune. 1783. In-fol. Très belle épreuve avec marge.

SUYDERHOEF (Jonas)

557 — La Rixe, d'après A. van Ostade. In-fol. Très belle épreuve avec l'adresse de Cl. de Jonghe.

SWANEVELT (Herman)

558 — L'Hôpital (B. 87), — Les Blanchisseuses (90), — La Grotte de la Nymphe Egérie (91), — La Porte de ville (92), — Le Pain distribué aux pauvres (93), — Vénus et Adonis (104), — La Madeleine en pénitence (107), — Saint Antoine l'Ermite (108), — La Montagne (113), — Le Bouquet d'arbres (115). Dix pièces. Très belles épcuves avec *l'excudit* du graveur.

SWANEVELT et WATERLOO

559 — Paysages, — Animaux. Soixante pièces.

SWEBACH

560 — Compositions, Caprices et Etudes gravés au trait. Soixante-douze pièces. Très belles épreuves, la plupart à toutes marges.

TÉNIERS (par et d'après David)

561 — Réunion de buveurs, — Le Couple buvant, — Le Paysan tenant une cruche, — Singes, etc. Dix-huit pièces.

THOMASSIN (Simon)

562 — Louis, Dauphin de France, d'après L. Tocqué. Grand in-fol. Belle épreuve.

563 — L'Auguste Famille de Monseigneur le Dauphin, d'après P. Mignard. Grand in-fol. Belle épreuve.

564 — M. R. de Lalande (deux portraits différents), — Nic. Le Camus. Quatre pièces in-fol., dont une en double état avant les vers. Belles épreuves.

THOMASSIN, VALÉE et VERMEULEN

565 — Jean Thierry, — Louis XIV, — Louis XV. — Th. Corneille, — Furetière, — Cardinal de Fleury, — Mme Le Gendre, — Hubert Jaillot, etc. Treize pièces dont deux doubles. Belles épreuves.

TROOST (d'après C.)

566 — Les Noces de Clorus et Rosette, — Le Malade imaginaire. Deux pièces in-fol., gravées par P. Tanjé et R. Muys. Très belles épreuves.

UDEN (Lucas van)

567 — Paysages d'après lui-même et d'après Rubens et Titien. Quatorze pièces. Belles épreuves, plusieurs en premier état.

V. G. (XVIe siècle)

568 — Une Vierge folle. In-8. Copie d'une estampe de Martin Schoengauer. Très belle épreuve.

VANLOO (d'après Carle)

569 — La Chasse à l'ours, par J.-J. Flipart. In-fol. Deux très belles épreuves dont une avant toutes lettres à l'état d'eau-forte pure.

VÉNITIEN (Augustin MUSI, dit LE)

570 — Le Sacrifice d'Abraham (B. 5), — Isaac bénissant Jacob (B. 6, premier état), — La Manne (8, premier état), — La Nativité (17, premier état), — Le Massacre des Innocents (19). Six pièces, dont une en double. Très belles épreuves.

571 — Le Portement de croix (B. 28, premier état), — Les Maries pleurant Jésus (38), — Elymas aveuglé par saint Paul (43, premier état), — Diogène (197), — Camille (201, premier état), — Tarquin et Lucrèce (204), deuxième état, rare. Six pièces. Très belles épreuves.

572 — L'Amour marin (B. 234), — Marche de Silène (240, premier état), — La Nouvelle apportée à l'Olympe (241), — Vénus et Vulcain entourés d'amours (349, premier état), — Hercule et Anthée (347, premier état), — L'Enfant offert à Priape (336). Six pièces. Belles épreuves.

VÉNITIEN (AUGUSTIN MUSI, DIT LE)

573 — L'Académie de Baccio Bandinelli (B. 418, deuxième état), — Le Dragon et le Papillon (406), — Le Vieillard au sablier (400), — Hercule et le Lion de Némée (287). — Carte, planches d'architecture, cariatides, etc. Trente-deux pièces.

574 — La Femme portant un vase (B. 470), — L'Homme portant la base d'une colonne (477), — L'Homme au drapeau (482), — Le Groupe de l'École d'Athènes (492). Quatre pièces. Très belles épreuves manquant de conservation.

575 — Les Vases antiques de bronze et de marbre (B. 541-552). Suite de douze pièces, premier état avant l'adresse, — Rinceaux et panneaux d'ornements (553, 554, 559, 561, premier état). Seize pièces. Belles épreuves.

VERNET (d'après CARLE)

576 — La Chasse, par L.-J. Allais. In-fol. Très belle épreuve à grandes marges.

VERNET (d'après JOSEPH)

577 — La Grecque sortante du bain, — Le Turc qui regarde pêcher. Deux pièces gravées par J. Daullé. Belles épreuve, dont une en double.

578 — Vue du port de Dieppe, — Port d'Antibes, — Vue de Naples, — Fête sur une rade. Six pièces in-fol., dont une à l'état d'eau-forte pure. Belles épreuves.

VESTIER (ANTOINE)

579 — Henri Masers de Latude. Petit in-fol. Très belle épreuve.

VICO (ENÉAS)

580 — Mise au tombeau (B. 7), — Autre mise au tombeau (8), — Pan (22), — Jupiter et Léda (26), — Lucrèce (17), — Mars et Vénus (21, premier état), — Les Muses et les Piérides (28), — Noces d'Hippodamie (30), — Dante et Beatrix (234), Cosme de Médicis, — P. Bembo. Quatorze pièces. Belles épreuves.

VICO (Énéas)

581 — Saint George combattant le Dragon (B. 12), — Le Combat des Amazones (14). Deux pièces. Belles épreuves.

582 — Vases ornés et arabesques. Cinquante-cinq pièces. Bonnes épreuves.

VIGNETTES

583 — Vignettes pour Bocace, Voltaire, Rousseau, Le Tasse, etc. Deux cent vingt-cinq pièces d'après Moreau, Cochin, Eisen, Gravelot et autres. 7-0

VIGNON (Claude)

584 — Les Miracles de Jésus-Christ, — Martyre de saint André, — Martyre de sainte Lucie, — Adoration des Mages, — Massacre des Innocents, etc. Vingt-cinq pièces, plusieurs doubles.

VLIET (J.-G. van)

585 — Sujets religieux, Scènes et Têtes de fantaisie, Gueux. Soixante-cinq pièces, plusieurs doubles.

WALKER (William)

586 — Sir Henry Raeburn, peintre anglais, d'après lui-même. 1826. In-fol. Superbe épreuve sur chine.

WATTEAU (d'après Antoine)

587 — La Rêveuse, par P. Aveline. In-4. Très belle épreuve.

588 — Diane au bain, par P. Aveline. In-fol. Très belle épreuve à grandes marges.

589 — Camp volant, gravé par N. Cochin. In-fol. Très belle épreuve avec grandes marges.

590 — Louis XIV mettant le cordon bleu à Mgr de Bourgogne, père de Louis XV, par N. de Larmessin. In-fol. Belle épreuve.

591 — Escorte d'équipages, par L. Cars. In-fol. Très belle épreuve.

WATTEAU (d'après Antoine)

592 — L'Abreuvoir, — La Chute d'eau. Deux pièces gravées par L. Jacob et J. Moyreau. Très belles épreuves à grandes marges; la Chute d'eau en double épreuve.

593 — L'Amante inquiète, — La Villageoise, — La Famille, Retour de guinguete, — Récréation italienne. Six pièces in-fol. gravées par Aveline, Chedel, etc.

WEIROTTER (François-Edmond)

594 — Son portrait, par J. Schmuzer, — Paysages. Quatre-vingt-dix pièces, plusieurs en doubles. Très belles épreuves.

595 — Vues et Paysages. Quarante-cinq pièces, belles épreuves, plusieurs doubles.

WIERIX (Jérôme)

596 — Henri III, roi de France. Petit in-fol. Bonne épreuve.

WILLE (Jean-Georges)

597 — Le Sapeur des gardes suisses, 1779 (Le Bl. 120). Très belle et rare épreuve du troisième état avant la lettre et la dédicace.

598 — Louis XV à cheval, — Louis XV, — Marquis de Marigny, — J.-B. Massé, — Comte de Saint-Florentin, — Christian Wolff. Six pièces dont cinq in-fol. Bonnes épreuves.

ZAGEL (Martin)

599 — Sainte Ursule (B. 10). In-8. Bonne épreuve d'une pièce rare.

600 — Sous ce numéro, il sera vendu par lots environ dix mille estampes anciennes de toutes les écoles.

Vente des 18, 19, 20 avril 1898

Estampes anciennes des XVIe, XVIIe et XVIIIe siècles

Œuvres important de Jacque, Callot – Portraits – Ouvrages sur la gravure, provenant de la Collection de M. D...

Salle Drouot

M. Maur. Delestre com.-priseur; M. G. Rapilly libraire-expert.

638 Numéros ; Total : 17142 frs 50

1683. — Les travaux d'Ulisse, par Th. van Thulden, 1633. — Les loges de Raphaël, cinquante-deux pl. gravées par N. Chapron; ensemble trois vol. in-fol. dont un relié. 2, 80

~~603~~ — **Bartsch** (Adam). Le peintre graveur. *Vienne*, 1803-1821, ~~vingt et un~~ 21 vol. in-8 cart. (603) 1 20

604 — **Bonnardot**. Histoire artistique et archéologique de la gravure en France. *Paris*, 1849, in-8 demi-rel. — Catalogue raisonné de l'œuvre gravé de Jean Daullé, par Delignières. *Paris*, 1873. — Les graveurs Troyens par Corrard de Bréban. *Troyes*, 1868. — Les graveurs de portraits en France. Essai de classifications spéciales par Alkan. *Paris*, 1879. — Eloge de Lancret, par Guiffrey; ensemble cinq vol. et brochures. 2

605 — **Bosse** (Abr.). De la manière de graver à l'eau-forte et au burin et de la gravure en manière noire. *Paris*, *Jombert*, 1745. — Pratique de la géométrie sur le papier et sur le terrain. *Paris*, 1682, deux vol. in-8, rel. veau. 6

606 — **Calepin** d'un amateur d'estampes. *Alais*, 1865, in-12 br. Tiré à soixante exemplaires. 2

~~607~~ — **Callot** (J.). Il Solimano. Tragedia del conte Pr. Bonarelli. *Firenze*, 1620, in-4 vélin. Le titre frontispice et les ~~cinq~~ 5 estampes ~~décorant ce livre sont~~ gravés par Callot. 10

607

LIVRES ET RECUEILS D'ESTAMPES

601 — **Argenville** (D. d'). Abrégé de la vie des plus fameux peintres avec leurs portraits gravés en taille-douce, les indications de leurs principaux ouvrages, etc. *Paris*, 1762, quatre vol. in-8, rel. veau.

602 — **Audran** (G). Les proportions du corps humain. *Paris*, 1683. — Les travaux d'Ulisse, par Th. van Thulden, 1633. — Les loges de Raphaël, cinquante-deux pl. gravées par N. Chapron; ensemble trois vol. in-fol, dont un relié.

603 — **Bartsch** (Adam). Le peintre graveur. *Vienne*, 1803-1821, vingt et un vol. in-8 cart.

604 — **Bonnardot.** Histoire artistique et archéologique de la gravure en France. *Paris*, 1849, in-8 demi-rel. — Catalogue raisonné de l'œuvre gravé de Jean Daullé, par Delignières. *Paris*, 1873. — Les graveurs Troyens par Corrard de Bréban. *Troyes*, 1868. — Les graveurs de portraits en France. Essai de classifications spéciales par Alkan. *Paris*, 1879. — Eloge de Lancret, par Guiffrey; ensemble cinq vol. et brochures.

605 — **Bosse** (Abr.). De la manière de graver à l'eau-forte et au burin et de la gravure en manière noire. *Paris*, *Jombert*, 1745. — Pratique de la géométrie sur le papier et sur le terrain. *Paris*, 1682, deux vol. in-8, rel. veau.

606 — **Calepin** d'un amateur d'estampes. *Alais*, 1865, in-12 br. Tiré à soixante exemplaires.

607 — **Callot** (J.). Il Solimano. Tragedia del conte Pr. Bonarelli. *Firenze*, 1620, in-4 vélin. Le titre frontispice et les cinq estampes décorant ce livre sont gravés par Callot.

LIVRES ET RECUEILS D'ESTAMPES

608 — **Callot** (J.). Balli di Sfessania. Suite de vingt-quatre pièces en un vol. in-8, cart. — Les Misères et les Malheurs de la guerre 1633, cahier de dix-huit pièces (copies); deux vol.

609 — **Catalogue** raisonné du cabinet Rigal 1817. — Catalogue His de Lasalle, 1856. — Catalogue Van den Zande, 1855. — Quatre livr. Le Blanc. Manuel. — Traduction abrégée de la Storia Pittorica della Italia de l'abbé Lanzi, 1823. — Catalogue de la Chalcographie, 1860. — Description des estampes de la Bibliothèque Impériale par Duchesne, 1855; ensemble dix vol. in-8, br. et cart.

610 — **Claussin** (de). Catalogue raisonné de toutes les estampes qui forment l'œuvre de Rembrandt et des principales pièces de ses élèves. *Paris*, 1824, deux tomes en un vol. in-8 dem-rel. — Catalogue raisonné de toutes les estampes qui forment l'œuvre de Lucas de Leyde, par Adam Bartsch. *Vienne*, 1798, in-8, rel. veau, tr. dor. ; ensemble, deux vol.

611 — **Della Bella** (Stef.). Sujets religieux, marines, paysages, etc. Quarante-deux pièces réunies en un album, in-4 cart.

612 — **Dietrich**. Œuvre de C. G. E. Dietrich, peintre de S. A. Électorale de Saxe, etc. Quatre-vingt-deux planches imprimées sur trente-cinq feuilles. *A Nuremberg, chez Frauenholz*, s. d. in-fol. demi-rel. veau fauve.

613 — **Duchesne aîné**. Essai sur les nielles, gravures des orfèvres florentins du quinzième siècle. *Paris*, 1826. — Voyage d'un iconophile, par le même, 1834 ; ensemble deux vol. in-8, demi-rel.

614 — **Duplessis** (G.). Essai de Bibliographie contenant l'indication des ouvrages relatifs à l'histoire de la gravure et des graveurs. *Paris*, 1862. — De la gravure de portrait en France, par le même. — Essai sur l'histoire

de la gravure sur bois, par Ambr. Firmin-Didot. *Paris*, 1863 ; ensemble trois vol. in-8 br.

615 — **Ficquet** et autres. Collection de portraits d'artistes pour illustrer la vie des peintres flamands, allemands et hollandais par Descamps, album in-8 oblong br. Tirage moderne sur pap. de Chine.

616 — **Firmin-Didot** (Amb.). Les Drevet (Pierre, Pierre-Imbert et Claude). Catalogue raisonné de leur œuvre. *Paris*, 1876, in-8 portrait demi-mar. brun, tête dor.

617 — **Hillemacher**. Catalogue des estampes qui composent l'œuvre de J. P. Norblin. Deuxième édition, *Paris*, 1877, in-8 br.

618 — **Huber** et **Rost**. Manuel des curieux et des amateurs de l'art contenant une notice abrégée des principaux graveurs et un catalogue raisonné de leurs meilleurs ouvrages depuis le commencement de la gravure jusques à nos jours. *Zurich*, 1797-1808, neuf vol. in-8 demi rel. basane. Exemplaire non rogné et interfolié de papier blanc.

619 — **Idée générale** d'une collection complète d'estampes avec une dissertation sur l'origine de la gravure et sur les premiers livres d'images, par le Baron de Heineeken. *A Leipzig et Vienne*, 1771, in-8 fig. rel. veau, tr. rouge.

620 — **Jombert** (Ch. Ant). Essai d'un catalogue de l'œuvre d'Etienne De La Belle. *Paris*, 1772, in-8 rel. veau.

621 — **Le Clerc** (Séb.). Traité de géométrie théorique et pratique à l'usage des artistes. *Paris, Jombert*, 1744, in-8 vignettes de Cochin, rel. veau.

622 — **Le Clerc** (Séb.). OEuvres choisies contenant deux cent trente-neuf estampes représentant des Costumes, des Fables, des Paysages, etc. *Paris*, 1784. — Batailles d'Alexandre le Grand peintes par Le Brun, dessinées et gravées par Séb. Le Clerc. *Paris*, 1784, deux vol. in-4 demi-rel.

LIVRES ET RECUEILS D'ESTAMPES

623 — **Lépinois** (De). Souvenirs de Coucy. Dessins lithographiés accompagnés d'un texte historique et descriptif. *Coucy*, 1834, in-fol. demi-chagr. vert.

624 — **Meaume** (Ed.). Recherches sur la vie et les ouvrages de Jacques Callot. *Paris*, 1860. Deux vol. in-8 br.

625 — **Morin** (Edm.). Ces bons Parisiens croqués par Edm. Morin. Album de quinze pl. in-4. Déchirures.

626 — **Musée Royal de Naples**. Peintures, bronzes et statues du Cabinet secret avec leur explication par le colonel Famin. *Paris*, 1857, in-4 avec soixante pl. br.

627 — **Paris**. Nouveau plan de la ville de Paris divisé en douze arr. 1828. Plan gr. in-fol. entouré de seize vues des principaux monuments.

628 — **Passavant** (J.-D.). Le peintre graveur. *Leipzig*, 1864, six tomes en trois vol. gr. in-8 demi-mar. brun.

629 — **Perrier** (Fr.). Statues antiques, cent pl. — Illustrium virorum ut extant in Urbe expressi vultus. *Rome*, 1569, deux parties en un vol. — Signorum veterum icones, 1671. Recueil de cent pl. gravées par J. de Bischop, dit Episcopus, ensemble deux vol. in-4 rel. veau.

630 — **Picart** (Bernard). Les Métamorphoses d'Ovide en latin traduites en français avec des remarques et des explications historiques par M. l'abbé Banier. Ouvrage enrichi de figures en taille-douce gravées par B. Picart et autres habiles maîtres. *Amsterdam*, 1732, deux vol. in-fol. rel. veau, dos ornés, tr. rouges.

631 — **Picart** (Bernard). Le temple des Muses, orné de soixante tableaux où sont représentés les événements les plus remarquables de l'antiquité fabuleuse. *Amsterdam*, 1749, in-fol. rel. veau avec soixante gr.

632 — **Recueil d'estampes** d'après les tableaux des peintres les plus célèbres d'Italie, des Pays-Bas et de France qui sont à Aix dans le cabinet de M. Boyer d'Aguilles,

LIVRES ET RECUEILS D'ESTAMPES

gravées par Jacques Coelemans d'Anvers. *A Paris, chez P. J. Mariette*, 1744, in-fol. rel. veau, tr. r., cent six pl.

633 — Recueil d'estampes anciennes d'après Watteau, Lancret, Rubens, Téniers, etc. Quarante-deux pièces en un vol. in-fol. rel. veau, tr. rouges. On y remarque de très belles pièces d'après Watteau : Fêtes vénitiennes, gravé par L. Cars; Le Concert champêtre, par Audran ; La Danse Paysane, par Audran ; Promenade sur les Remparts, par Aubert; La Mariée de village, par Cochin ; — Les quatre Éléments, d'après Lancret ; — L'Assemblée des Plénipotentiaires du traité de Munster, 1648, par Suyderhoef d'après Terburgh ; — d'après Téniers : L'Enfant prodigue, par Le Bas ; Trois grandes fêtes flamandes, par Le Bas ; — La Galerie du Luxembourg, d'après Rubens, etc.

634 — **Robert Dumesnil.** Le peintre-graveur français ou catalogue raisonné des estampes gravées par les peintres et les dessinateurs de l'école française. *Paris*, 1835-1865, neuf vol. — Le peintre-graveur français continué, par Prosper de Baudicour. *Paris*, 1859-1861, deux vol., ensemble onze vol. in-8 demi-chagrin violet, les trois derniers brochés.

635 — **Saint-Non** (De). Voyage pittoresque ou description des royaumes de Naples et de Sicile. *Paris*, 1781-1786, quatre vol. in-fol., nombreuses pl., rel. veau, tr. dor. La première partie du tome IV manque à cet exemplaire.

636 — **Le tableau** des riches inventions couvertes du voile des feintes amoureuses qui sont représentées dans le Songe de Poliphile, desvoilées des ombres du Songe et subtilement exposées par Béroalde. *Paris*, 1600, petit in-fol., rel. veau. Quelques pl. coloriées. Mouillures.

637 — **Vien** (Joseph). Caravane du Sultan à La Mecque. Mascarade Turque donnée à Rome par MM. les pensionnaires de l'Académie de France et leurs amis au

Carnaval de l'année 1748, trente-deux pl. en un vol. in-4 cart. Quelques pl. tachées.

638 — **Xylographie** de l'imprimerie Troyenne pendant le quinzième, le seizième, le dix-septième et le dix-huitième siècle, précédée d'une lettre du Bibliophile Jacob sur l'histoire de la gravure sur bois. *Troyes*, 1859, in-4 cart.

FIN

Imprimerie D. Dumoulin et Cie, à Paris.

www.ingramcontent.com/pod-product-compliance
Ingram Content Group UK Ltd.
Pitfield, Milton Keynes, MK11 3LW, UK
UKHW020348180726
13839UKWH00002B/983